D'une carriére militaire à un emploi civil

Explorez d'autres ressources novatrices du CERIC :

Le développement de carrière en 2040 : "Se préparer aux scénarios de travail et de carrière possibles" et "Les dix changements principaux qui auront une incidence sur l'avenir du travail et des travailleurs du Canada"

Disciplines informatiques : guide rapide à l'intention des étudiants et des conseillers en orientation

Théories et modèles orientés sur la carrière : des idées pour la pratique

Fidéliser et mobiliser : la gestion de carrière dans le secteur public. Des éditions pour les organismes à but non lucratif et de bienfaisances ainsi que les petites entreprises, aussi disponibles

L'accompagnement visant l'intégration des personnes réfugiées faiblement scolarisées : une perspective interculturelle en orientation

L'impact de la pandémie de COVID-19 sur le développement de carrière

D'une carriére militaire à un emploi civil

Guide de l'intervenant en développement de carrière
2ᵉ édition

Par Yvonne Rodney

CERIC

Tous droits réservés © CERIC, 2025

Tous droits réservés. Il est interdit de reproduire ou de transmettre le contenu de la présente publication sous quelque forme ou par quelque moyen que ce soit, reproduction électronique ou mécanique, y compris la photocopie, l'enregistrement ou tout système de stockage d'information et de recherche documentaire, sans l'autorisation écrite préalable de l'éditeur, le CERIC.

Publié et distribué en 2025 par
CERIC
2, avenue St-Clair Est, bureau 300
Toronto (Ontario) M4T 2T5
Tél. : 416 929-2510
https://www.ceric.ca/fr

Catalogage avant publication de Bibliothèque et Archives Canada

Rodney, Yvonne
D'une carrière militaire à un emploi civil : guide de l'intervenant en développement de carrière, 2e édition / Yvonne Rodney.

ISBN
ISBN du livre imprimé : 978-1-988066-97-4
ISBN du livre électronique : 978-1-988066-99-8
ISBN de la version électronique en PDF : 978-1-988066-98-1

Conception graphique : Authority Pilot
https://authoritypilot.com

En mémoire du Dr. Rob Shea, dont le dévouement à la communauté militaire et au domaine du développement de carrière a laissé un héritage durable. En tant que membre du conseil d'administration du CERIC et ardent défenseur des vétérans, Rob avait une vision qui a été déterminante pour la création de ce guide. Son leadership et ses idées ont donné naissance à une ressource essentielle pour les intervenants en développement de carrière au Canada, qui permet à ceux qui ont servi d'effectuer une transition en douceur vers la vie civile. Cette deuxième édition témoigne de son impact durable et de sa passion pour aider les autres à trouver leur voie.

Rob, merci d'avoir ouvert la voie; ton travail continue de nous inspirer et de nous motiver.

Table des matières

Réflexion de l'éditeur 3

Réflexions de l'auteure 5

Remerciements 7

Guide du lecteur 11

Introduction 15

PARTIE I : CULTURE MILITAIRE — 19

Profil d'un vétéran : « Une question de serendipité
et d'avoir un compagnon d'armes » 21

Chapitre 1 : Comprendre la vie et la culture militaires 25

Chapitre 2 : Réservistes des FAC 41

Profil d'un vétéran : « Le militaire » 53

Chapitre 3 : Comprendre les besoins des vétérans 57

Chapitre 4 : Comprendre la transition 71

Chapitre 5 : Devenir compétent en matière de culture militaire 85

PARTIE II : EMPLOI ET EMPLOYABILITÉ — 97

Profil d'un vétéran : « Un réseau de soutien » 99

Chapitre 6 : Trouver un emploi – Les défis à relever 103

Profil d'un vétéran : « Ancrages familiaux » 115

Chapitre 7 : Trouver un emploi – Outils et ressources 119

PARTIE III : ÉDUCATION ET FORMATION — 133

Profil d'un vétéran : « Reprenez-vous en main » 135

Chapitre 8 : Éducation et formation – Besoins et ressources 139

PARTIE IV : LES FAC EN TANT QU'EMPLOYEUR — 147

Profil d'un vétéran : « Quelque chose que j'ai toujours voulu faire » 149

Chapitre 9 : Recrutement, intégration, prestations et vie militaire 153

PARTIE V : BESOINS PROFESSIONNELS DES CONJOINTS/PARTENAIRES DE MILITAIRES — 161

Profil d'un conjointe : « Communauté, communication, respect » 163

Chapitre 10 : Comprendre les besoins des conjoints et des familles des militaires 167

Chapitre 11 : Conjoints de militaires – surmonter les obstacles à l'emploi . 173

Profil d'une conjointe : « Où que la vie vous amène, choisissez de grandir » 187

PARTIE VI : PROGRAMMES ET RESSOURCES — 191

Chapitre 12 : Services, programmes et ressources 193

Profil d'un vétéran : « Une partie de ma vie » 213

Chapitre 13 : Conclusion et apprentissage 215

ANNEXES — 221

Annexe 1 : Exercice de réflexion 223

Annexe 2 : Exemple de CV – Conjoint de militaire 227

Annexe 3 : Exemple de CV – Vétéran 229

Remarques 233

À propos de l'éditeur 243

À propos de l'auteure 245

Collaborateurs 247

Champions des connaissances 249

Réflexion de l'éditeur

Les intervenants en développement de carrière qui travaillent avec d'anciens militaires dans tout le Canada ont besoin d'une ressource spécialisée à jour pour aider leurs clients à passer en douceur du rôle de militaire à celui de civil. En tant qu'organisme caritatif national qui a pour but de soutenir le développement de ressources visant à améliorer le travail des intervenants en développement de carrière au Canada, le CERIC a reconnu pour la première fois l'importance de répondre à ce besoin il y a une dizaine d'années. C'est ainsi qu'est né en 2016 la ressource *D'une carrière militaire à un emploi civil : guide de l'intervenant en développement de carrière*, publiée en anglais et en français. La demande d'aide à la transition de carrière pour les vétérans demeure élevée. Aujourd'hui, le Canada compte plus de 450 000 vétérans (âgés de 17 à 59 ans). Chaque année, dans l'ensemble du pays, environ 8 200 militaires sont démobilisés de la Force régulière et de la Force de réserve, et ces militaires sont de plus en plus jeunes.

Depuis que le CERIC a commencé à élaborer la première édition du livre, notre organisme a continué à soutenir les transitions militaires. De même, les intervenants en développement de carrière de tout le Canada nous ont fait part des difficultés auxquelles sont confrontés les clients ayant un passé militaire. Compte tenu de l'évolution de la situation, il est devenu essentiel de fournir une ressource actualisée qui reflète les changements intervenus dans l'écosystème militaire et qui aide les intervenants en développement de carrière et leurs clients à faire face à la complexité d'une nouvelle réalité (marquée par une pandémie, des pénuries de main-d'œuvre et de compétences, et des conflits géopolitiques internationaux).

La réalisation de ce projet aurait été impossible sans le concours et le soutien crucial de Dwayne L. Cormier et son équipe formidable de l'unité Engagement et partenariats avec la transition militaire (EPTM) des Forces armées canadiennes. Leur passion et leur engagement en faveur de la sensibilisation et de l'amélioration des systèmes de soutien au processus de transition ont été essentiels pour le contenu de cette deuxième édition.

Nous remercions tout particulièrement les Champions des connaissances suivants pour le rôle de leaders qu'ils ont assumé afin de soutenir le projet : l'Université d'Athabasca; le Consortium des campus connectés pour les militaires, les vétérans et leur famille du Canada (CCCMVFC); le Collège Fanshawe;

RBC Assurances; Release Point Education; l'Université de l'Alberta; et la fondation Tenons-Nous Ensemble destinée aux familles de militaires. Votre soutien a permis d'élaborer et de distribuer ce guide.

L'auteure du guide, Yvonne Rodney, a donc repris le processus de collecte de contenu, de mise à jour des informations et des ressources et de l'interrogation des sources, le tout dans une optique de développement de carrière. Avec le soutien et la collaboration d'experts en la matière des Forces armées canadiennes, d'Anciens Combattants Canada, des Services aux familles des militaires, des vétérans des FAC et de leurs familles, ainsi que des professionnels de première ligne, elle décrit la réalité complexe de l'armée, traduisant les besoins des vétérans afin que les professionnels du développement de carrière puissent mieux comprendre et aider leurs clients.

Le conseil d'administration du CERIC a apprécié et approuvé l'idée d'une deuxième édition et a apporté un soutien continu essentiel. Nous remercions chaleureusement le membre fondateur du conseil d'administration du CERIC, le Dr. Rob Shea, à la mémoire duquel ce livre est dédié. Rob était un partisan de longue date de l'armée. Parmi ses nombreuses fonctions, il a été le président provincial du Conseil de liaison des Forces canadiennes pour Terre-Neuve-et-Labrador, et il a défendu ce projet, non pas une fois, mais deux fois.

Les transitions peuvent être difficiles, mais aussi riches en possibilités. La transition entre la première édition du guide intitulé *D'une carrière militaire à un emploi civil : guide de l'intervenant en développement de carrière* à cette deuxième édition a été un processus d'apprentissage très important, et nous espérons que cette nouvelle ressource vous sera très utile dans votre travail.

Avec ce guide mis à jour, les professionnels du développement de carrière du Canada sont mieux outillés pour soutenir les vétérans; ainsi, ces derniers seront en mesure de mieux s'orienter sur le marché du travail civil et dans la main-d'œuvre civile. Il est absolument essentiel que notre pays permette à ceux qui ont servi leur pays d'accéder à des carrières prospères, où ils pourront continuer à apporter leurs connaissances, leur expérience et leur ingéniosité et à servir d'une manière différente, mais tout aussi significative.

— Kay Castelle, directrice générale, CERIC

Réflexions de l'auteure

Depuis 2016, date de la première édition du guide intitulé *D'une carrière militaire à un emploi civil : guide de l'intervenant en développement de carrière*, la culture militaire et les ressources disponibles pour soutenir les militaires en transition vers un emploi civil ont beaucoup changé. Cette édition tente de saisir et de communiquer les informations essentielles pour aider à travailler avec les militaires, les vétérans ou les conjoints/partenaires de militaires en transition.

Vous découvrirez l'impressionnante infrastructure actuellement en place pour soutenir les militaires, les vétérans et leurs familles, notamment le Groupe de transition des Forces armées canadiennes (GT FAC), le Réseau pour l'emploi des conjoints des militaires (RECM), Anciens Combattants Canada (ACC) et bien d'autres encore. Des centaines d'organisations tierces et de prestataires de services sont là pour apporter leur aide dans ce qui s'apparente désormais à un modèle de soutien en étoile à guichet unique. C'est énorme et cela aurait dû être fait depuis longtemps!

Certaines des informations clés de la première édition ont été mises à jour, notamment les réponses aux questions suivantes : Quelle sorte de vie constitue le service militaire? Pourquoi certains choisissent-ils de s'enrôler? Pourquoi y restent-ils? Pourquoi le quittent-ils? Et lorsqu'ils le quittent, de quoi ont-ils besoin pour réussir la transition vers le marché de l'emploi civil? Les chapitres consacrés aux réservistes, à l'orientation axée sur la compétence en matière de culture militaire et aux FAC en tant qu'employeur sont des nouveautés de la deuxième édition. De nouveaux profils, de nouvelles données, de nouvelles ressources et de nouveaux services sont également intercalés dans ce guide.

Ce guide est destiné aux intervenants en développement de carrière qui en connaissent très peu sur la vie militaire. Il peut ainsi servir d'ouvrage de référence, si vous voulez, pour mieux comprendre les besoins uniques en matière d'emploi des anciens militaires et des militaires actuels, et de leurs familles, qui pourraient solliciter votre assistance professionnelle. Ce guide est écrit intentionnellement de façon informelle, comme si nous étions confortablement assis ensemble en train d'échanger de l'information.

J'espère que vous le trouverez à la fois utile et intéressant.

— Yvonne Rodney

Remerciements

Pour cette édition *D'une carrière militaire à un emploi civil : guide de l'intervenant en développement de carrière*, j'ai fait l'expérience directe des caractéristiques militaires que vous découvrirez dans ce livre : le travail d'équipe, le travail acharné, le partage des ressources, l'accomplissement de la mission et le fait de bien faire les choses. J'ai été à nouveau frappée par la générosité d'esprit et l'engagement qui caractérisent les membres des FAC et les vétérans avec lesquels j'ai eu le privilège de travailler. Ces personnes ont gracieusement donné de leur temps et ont généreusement partagé des ressources qui ont contribué au contenu de cet ouvrage.

Dès le début de ce projet, Dwayne L. Cormier (un des principaux collaborateurs de la première édition) et Jordan Camarda ont été mes coéquipiers. Engagés, fédérateurs, déterminés et bienveillants, ils se sont démenés pour me trouver les personnes et les ressources nécessaires, allant même jusqu'à me donner leur propre travail à intégrer dans le guide. Messieurs, je vous suis très reconnaissante pour tout ce que vous êtes. Ils ont ensuite fait appel à Maria Relucio, qui a veillé à la justesse de l'ouvrage et à la précision des informations. Maria est experte en recherche d'informations!

Lorsque j'ai naïvement demandé pourquoi nous avions besoin d'une section consacrée aux réservistes, Dwayne m'a mis en contact avec le lieutenant-colonel Paul Szabunio qui, à son tour, a rapidement réuni une équipe d'experts pour me rencontrer, y compris le major Shelly Bellise, Tom Quigley et Eleanor Taylor. En fin de compte, j'avais toutes les ressources nécessaires pour bien rédiger ce chapitre. Et je dois dire que je suis impressionnée!

Je savais que je voulais agrémenter ce livre de témoignages de militaires ayant effectué une transition vers un emploi civil. J'aime les histoires. Comme pour la première édition, ces « profils » n'ont pas déçu. Les détails du parcours de chaque personne et les paroles de sagesse à la fin de chaque profil sont une véritable source d'inspiration! Caleb Walker m'a également recommandé de nombreuses personnes à interroger pour ces profils. Consultez sa lettre d'information intitulée « Cup of Joe » sur LinkedIn.

D'accord, je l'admets : j'ai un faible pour les familles de militaires. Vanessa Walsh, Elizabeth Nicholas, Nathalie Kirouac et Cindy Girard-Grenier sont des exemples du soutien offert par les Services aux familles des militaires.

Elles se sont surpassées pour réviser, partager et diriger, et ont fait preuve d'une telle joie de vivre dans ce projet que j'ai voulu devenir leur amie! Merci.

Elaine Piper et Sue Watts, toutes deux intervenantes en développement de carrière, je vous suis reconnaissante pour le travail que vous faites et pour le temps que vous avez consacré à la lecture, à la révision, au retour d'information et au partage de données. Vous souhaitiez autant que moi que ce livre soit utile à nos collègues et vous l'avez montré par vos actions. Merci beaucoup!

Au personnel du CERIC : à l'inébranlable Alexandra Manoliu, qui a habilement géré ce projet et nous a tenus au courant des délais et des résultats des réunions – travailler avec toi a été un véritable plaisir. Merci d'avoir écouté et de m'avoir donné l'espace nécessaire pour réfléchir; Sharon Ferriss, qui crée des liens sans effort, et toute l'équipe du CERIC en coulisses qui continue à promouvoir un travail remarquable dans le domaine du développement de carrière – vous êtes des soldats au sens véritable du terme. Et à Dimitra Chronopoulos, rédactrice en chef extraordinaire dont la rigueur et le souci du détail sont sans égal. Merci.

C'est grâce au travail d'équipe que l'on peut réaliser des rêves. Voici les noms et titres associés à cette équipe, au cas où vous vouliez le savoir.

- Major Shelly Bellisle – Officier supérieur des opérations, Mobilisation externe, Direction des programmes d'appui des employeurs, FAC
- Jordan Camarda – Gestionnaire national, Engagement et partenariats avec la transition militaire (EPTM), GT FAC
- Dimitra Chronopoulos – Rédactrice indépendante
- Dwayne L. Cormier – Gestionnaire des initiatives stratégiques et gourou de la transition, Engagement et partenariats avec la transition militaire, GT FAC
- Sharon Ferriss – Directrice principale, Marketing et communications, CERIC
- Cindy Girard-Grenier – Conseillère d'orientation/Guidance Counsellor, Centre de ressources pour les familles militaires Valcartier/Valcartier Military Family Resource Centre
- Nathalie Kirouac – Conseillère d'orientation/Guidance Counsellor, Centre de ressources pour les familles militaires Valcartier/Valcartier Military Family Resource Centre

- Alexandra Manoliu, Ph. D. – Responsable des initiatives de recherche, CERIC
- Elizabeth Nicholas – Centre de ressources pour les familles militaires Trenton
- Elaine Piper – Experte en transition entre la carrière militaire et la carrière civile et conjointe de militaire (retraitée)
- Tom Quigley – Directeur national des relations externes et des alliances, The Treble Victor Group
- Maria Relucio, Ph. D., Analyse du comportement (Ontario) – Agent de soutien du programme, Engagement et partenariats avec la transition militaire, GT FAC
- Lieutenant-colonel Paul A. Szabunio – Partenaire de liaison stratégique, Engagement et partenariats avec la transition militaire, GT FAC
- Eleanor Taylor – Promotion et engagement communautaire, Fondation Les Fleurons glorieux
- Caleb Walker – Fondateur/PDG, The Digital Insurgency et la lettre d'information Cup of Joe
- Vanessa Walsh – Gestionnaire principale, Services aux familles des militaires
- Sue Watts, directrice générale, Employment + Education Centre

— Yvonne

Guide du lecteur

Nos journées de travail sont tellement remplies que, bien souvent, nous n'avons pas le temps de lire un livre de la première à la dernière page. Pour cette raison, ce guide a été rédigé de sorte que vous puissiez commencer au chapitre qui vous intéresse. Les informations peuvent être répétées à plusieurs endroits; ainsi, il n'est pas nécessaire de toujours revenir au chapitre précédent pour trouver ce dont vous aurez besoin. Voici quelques remarques pour vous aider à profiter pleinement de ce guide.

De qui parle le guide?

Ce guide porte principalement sur les militaires et les vétérans canadiens de la **Force régulière** en transition ainsi que sur les militaires canadiens de la **Force de réserve** en transition, avec une section sur les conjoints et partenaires de militaires. Les vétérans de la Force régulière ont servi à temps plein au sein des Forces armées canadiennes (FAC). Les réservistes sont des militaires à temps partiel qui appuient la Force régulière au pays et à l'étranger. Ils sont généralement employés à temps partiel (soirées et fins de semaine) et occupent un emploi civil ou suivent des études à temps plein. Les réservistes peuvent également solliciter un contrat à temps plein semblable à ceux des militaires de la Force régulière.

Un **vétéran**, selon la définition d'Anciens Combattants Canada, est « tout ancien membre des Forces armées canadiennes qui a réussi son entraînement de base et a été libéré avec mention honorable »[1].

Caractéristiques du guide

Contenu des chapitres : Le contenu de chaque chapitre est indiqué au début du chapitre.

Points clés : Les éléments importants sont énumérés à la fin de chaque chapitre.

Les coups de cœur d'Yvonne : Les ressources que j'ai trouvées particulièrement utiles sont énumérées à la fin de chaque chapitre. Les chapitres ne comportent pas tous une telle section.

Profils : L'expérience de véritables membres du personnel des Forces armées canadiennes et de leurs conjoints fournit des informations de première main sur le processus de transition. Les noms et d'autres identifiants personnels ont été changés (sauf indication contraire).

Sigles et acronymes : Les sigles et acronymes suivants sont fréquemment utilisés dans l'ouvrage :

FAC	Forces armées canadiennes
GT FAC	Groupe de transition des Forces armées canadiennes
SBMFC	Services de bien-être et moral des Forces canadiennes
MDN	Ministère de la Défense nationale
SFM	Services aux familles des militaires
EPTM	Engagement et partenariats avec la transition militaire
MR	Militaire du rang
ACC	Anciens Combattants Canada

Les Forces armées canadiennes comprennent trois éléments principaux, ainsi que les Forces spéciales :

- **MER – La Marine royale du Canada** (MRC) – Le rôle de la Marine est de protéger la souveraineté et les intérêts du Canada en mer, au pays et à l'étranger. Elle s'engage à promouvoir la stabilité mondiale, à faire appliquer le droit international et à contribuer à protéger l'économie du pays et l'économie mondiale.
- **TERRE – L'Armée canadienne** – L'Armée, au nom du gouvernement du Canada, déploie des forces d'opérations spéciales pour protéger notre pays contre les menaces au pays ou à l'étranger.
- **AIR – Aviation royale canadienne** (ARC) – L'Aviation royale canadienne défend et protège l'espace aérien canadien et nord-américain en partenariat avec les États-Unis. L'ARC contribue également à la paix et à la sécurité internationales.
- **Les Forces spéciales** emploient du personnel spécialement sélectionné et hautement qualifié qui travaille souvent pendant des périodes

prolongées dans des conditions difficiles. Il s'agit d'une organisation à haut niveau de préparation.

Les « groupes professionnels militaires communs » procurent un soutien à tous les éléments des FAC dans les domaines des soins de santé, de la logistique, de la gestion des ressources, de la gestion du personnel et des techniciens. Les membres des groupes professionnels militaires communs peuvent travailler au sein de tous les éléments, quelle que soit la couleur de leur uniforme.

Statistiques et renseignements utiles

- Selon les données du recensement de 2021, 261 095 vétérans sont âgés de 25 à 64 ans, la principale tranche d'âge active.[2]
- Chaque année, environ 8 200 membres des FAC (de la Force régulière et de la Force de réserve) quittent le service militaire.[3]
- Jusqu'en 2032, l'Équipe de la Défense du Canada a pour objectif de passer à 71 500 membres de la Force régulière (contre 68 000) et à 30 000 membres de la Première réserve (contre 27 000).[4]

Introduction

Chaque année, des milliers de membres des FAC font la transition de la vie militaire à la vie civile. Tôt ou tard, l'un d'entre eux pourrait faire appel à vos services ou aux miens. Beaucoup de ces membres, en particulier ceux qui ont passé un certain nombre d'années en service, n'ont que peu ou pas d'expérience du marché du travail civil, d'où la raison d'être de ce guide de l'intervenant en développement de carrière. Il vise à fournir un contexte, un arrière-plan, des outils et des ressources utiles pour nous aider à travailler efficacement avec les militaires, les vétérans et leurs familles lors de leur transition vers la vie civile.

Une carrière au sein des FAC est un appel du devoir. Les soldats, les marins et le personnel aérien qui, au fil des années, ont répondu à cet appel démontrent des valeurs qui définissent et unissent les Canadiens et les Canadiennes d'un océan à l'autre. Ils ont la volonté de se battre et de protéger ce en quoi ils croient et ont le désir d'aider les autres. Et cet engagement place le service avant la personne.

Les FAC constituent une organisation unique où les militaires apprennent et perfectionnent les aptitudes au combat et de soutien au combat. La progression de carrière est essentiellement basée sur l'expérience et sur les connaissances acquises dans le cadre de l'instruction et de l'emploi au sein des FAC. Il s'agit d'une carrière unique en son genre.

En 2017, le ministère de la Défense nationale (MDN) a publié son document de politique de consultation le plus complet et le plus coûteux à ce jour, intitulé « Protection, Sécurité, Engagement – La politique de défense du Canada ». Ce document présente un certain nombre d'initiatives visant à soutenir les militaires et leurs familles dans toutes les transitions qu'implique la vie militaire. L'une de ces initiatives a été la création d'un nouveau Groupe de transition des Forces armées canadiennes (GT FAC), fort d'un effectif de 1 200 personnes. Ce projet a été lancé en 2018. L'objectif du GT FAC est de « fournir du soutien personnalisé pleinement engagé pour aider à la transition de tous les membres des Forces armées canadiennes, et plus particulièrement les personnes malades ou blessées, y compris celles qui souffrent de blessures de stress graves ou psychologiques[5]. »

Avec la création du GT FAC et l'engagement pris dans le nouveau plan ministériel du MDN et des FAC de le rendre pleinement opérationnel d'ici

2024-2025[6], il y a actuellement 27 centres de transition pleinement opérationnels dans tout le pays[7].

En outre, en 2024, la Stratégie nationale d'emploi pour les vétérans et les vétéranes a été publiée après des consultations approfondies auprès des vétérans, des membres des FAC, des employeurs et d'organisations de soutien nationales et communautaires. Les principaux objectifs de cette stratégie d'emploi consistent à améliorer le soutien direct aux vétérans et aux membres en transition, à reconnaître les employeurs favorables à l'embauche de vétérans, à améliorer le soutien et les ressources pour ceux qui cherchent à faire carrière dans la fonction publique (comme le font de nombreux vétérans) et à établir des relations et des partenariats dans tout le spectre de l'emploi des vétérans.

Ce guide n'est qu'une ressource parmi d'autres pour vous renseigner sur les services offerts aux membres des FAC en transition et à leurs familles, dans tous les domaines du bien-être. Une fois cette étape terminée, vous pourrez passer à un défi plus important (mais qui vaut la peine d'y consacrer du temps) qui consiste à découvrir la richesse des soutiens et des services offerts à l'ensemble de la communauté des militaires, des vétérans et de leurs familles. Actuellement, le Répertoire national des ressources du Groupe de transition des Forces armées canadiennes compte des centaines d'organisations inscrites, et cette liste s'allonge chaque jour. Toutes ces organisations s'engagent à fournir un soutien et des ressources à valeur ajoutée aux militaires, aux vétérans et à leurs familles. En outre, le Carrefour des anciens combattants de La Fondation Les Fleurons glorieux compte plus de 400 organisations favorables à l'embauche des militaires. Il s'agit d'un réseau robuste et évolutif.

On ne peut pas s'attendre à ce que vous connaissiez, et encore moins à ce que vous reteniez, toutes ces informations, mais Dwayne Cormier, intervenant en développement de carrière au sein de la communauté des FAC depuis plus de vingt ans, propose une approche pratique. Imaginez qu'un vétéran soit assis devant vous. Par où commencer?

Un bon point de départ consiste à vérifier où il en est dans sa transition.

- A-t-il été mis en contact avec un conseiller en gestion de la transition des FAC?
- A-t-il participé à des ateliers de réorientation professionnelle organisés par les FAC?
- A-t-il déjà quitté l'armée?

- Est-il désormais lié au programme de services de réorientation professionnelle d'ACC?
- Est-il à un an ou à moins de 30 jours de sa démobilisation?
- Quel est/était son grade?
- Envisage-t-il de quitter les FAC parce que son conjoint ne trouve pas de carrière gratifiante?
- S'agit-il d'un réserviste?

Différents scénarios seront nécessaires en fonction des clients et des étapes de leur transition. Notre objectif est donc d'aider notre client à élaborer un plan d'action, en déterminant les obstacles ou les défis à l'emploi, puis en l'orientant, le cas échéant, vers le bon spécialiste qui sera en mesure de lui fournir la formation et le soutien nécessaires pour surmonter ces obstacles et ces défis.

M. Cormier recommande de commencer par le Répertoire national des ressources, pour y consulter la liste vérifiée et catégorisée des organisations, des services gouvernementaux, des fournisseurs tiers et des instituts d'éducation et de formation. Selon M. Cormier, « en vous familiarisant de plus en plus avec la communauté des militaires, des vétérans et de leurs familles et son écosystème de soutien, vous constaterez très rapidement que les soutiens ne manquent pas, quel que soit le chemin emprunté par votre client ».

Alors, allons-y!

PARTIE I

Culture militaire

Crédit photo : Caméra de combat des Forces canadiennes, MND

« Grâce aux sacrifices quotidiens de nos militaires, le Canada demeure parmi les pays les plus sûrs dans le monde. »

**— Protection, Sécurité, Engagement.
La politique de défense du Canada[8]**

PROFIL D'UN VÉTÉRAN

« Une question de serendipité et d'avoir un compagnon d'armes »

Carl a passé plus de 35 ans dans les Forces armées canadiennes, où il a progressivement accédé à des rôles d'officier supérieur. Son père a servi avant lui en tant que militaire du rang et, après avoir été invité à passer deux jours au Collège militaire royal (CMR) pour jouer au hockey, Carl a décidé qu'il voulait lui aussi servir dans l'armée.

Après avoir obtenu son diplôme d'études secondaires, Carl a posé sa candidature et a été accepté au CMR dans le cadre du Programme de formation des officiers – Force régulière (PFOR). Après avoir obtenu son diplôme, il a poursuivi ses études en vue de l'obtention d'une maîtrise sur la recommandation d'un de ses professeurs du CMR et a obtenu une bourse d'études complète dans une université publique.

« Dès le début, j'ai eu des gens qui se sont battus pour moi », dit Carl. « J'ai toujours été conscient de ces avantages. » Carl a fait de son mieux pour faire son travail avec une approche ouverte et consultative, fortement influencée par les exemples de ceux qui l'ont encadré.

Ayant quitté l'uniforme depuis un an et demi, Carl revient sur sa transition : « J'étais prêt. Pour moi, c'était une sortie très positive et planifiée, et je me suis réveillé le lendemain de mon départ sans avoir l'impression d'avoir perdu mon ours en peluche. »

Carl attribue une grande partie de sa préparation à son conseiller en transition, Dwayne L. Cormier (son « compagnon d'armes »), qui lui a prodigué de bons conseils, tels que celui-ci : « Chaque jour, tu dois trouver un moment pour faire quelque chose pour toi-même afin de préparer ta retraite ». Dwayne l'a accompagné dans toutes les phases de la transition et l'a aidé à réfléchir à ce qu'il pourrait faire après le service militaire. Carl a également bénéficié de rencontres avec d'anciens membres qui l'ont conseillé et lui ont donné des conseils avisés.

Au fil des mois, lui et son « compagnon d'armes » ont coché les cases des choses qu'il devait faire, notamment la création d'un profil LinkedIn. « Beaucoup des choses que je fais aujourd'hui sont le résultat direct de ces contacts sur LinkedIn. »

Carl note que de bonnes occasions se sont présentées à lui au début de sa transition et que son « compagnon d'armes » l'a aidé à se vendre auprès d'un employeur civil. Bien qu'il n'ait pas réussi à obtenir de belle possibilité d'emploi immédiatement après avoir quitté l'armée, à la réflexion, il serait passé d'une carrière militaire extrêmement chargée à une carrière dans le civil tout aussi chargée. « C'est peut-être le destin. Et bien que j'aie eu quelques autres occasions, j'ai décidé d'être prudent et discipliné et de me donner un peu de temps. D'autres personnes m'ont conseillé d'être prudent et méthodique. J'ai pris ce conseil à cœur et j'ai fait en sorte que cela devienne réalité. »

Carl et sa femme ont passé du temps à voyager la première année, ce qui était un choix parfaitement sain. Dans l'ensemble, il estime que sa transition a été positive. « À aucun moment, je ne me suis senti abandonné par le système. »

Carl explique qu'il utilise désormais trois « filtres » pour guider les possibilités qui se présentent à lui : (1) Est-ce que je crois en ce que fait l'entreprise ? (2) Puis-je les aider ou apporter une valeur ajoutée ? (3) Ai-je une bonne opinion des personnes avec lesquelles je vais travailler ? Il exerce actuellement des activités de conseil, de mentorat et de bénévolat et il étudie la possibilité d'un emploi à temps plein, mais toutes ses décisions ont été prises de manière méthodique et sans précipitation.

À propos de l'armée, Carl déclare : « Les relations interpersonnelles, les interactions constantes, les engagements et événements internationaux, la camaraderie, les occasions et les amis que j'ai pu me faire me manquent. »

Les conseils qu'il donne aux membres en transition s'inspirent de ce qu'il a trouvé le plus utile pour lui-même :

- ✓ Préparez-vous à l'avance, si vous avez le luxe de le faire.

- ✓ Prévoyez un peu de temps chaque jour de travail, à mesure que vous vous rapprochez de la fin, pour planifier la transition. Cela vous donnera confiance en vous.
- ✓ Développez des connaissances financières en ce qui concerne la planification de votre REER.
- ✓ Au cours de votre dernière année de service, prévoyez de vivre de l'équivalent du revenu que vous toucherez à votre retraite. Cela vous aidera à prendre une décision quant aux emplois que vous pourrez occuper après votre départ à la retraite.
- ✓ Déclarez rapidement toute blessure liée au service, même si elle n'a pas d'incidence sur votre vie quotidienne. Vous pourriez avoir droit à des prestations d'invalidité après le service.

« J'ai eu beaucoup de chance », déclare Carl. « J'ai tiré le meilleur parti des occasions et des personnes qui m'ont été attribuées pour m'aider. C'est comme cela que l'on se prépare à une transition réussie! »

CHAPITRE 1

Comprendre la vie et la culture militaires

CONTENU DU CHAPITRE
- Les valeurs et l'éthos des FAC
- Structure, grade et insignes
- La vie en service
- Des initiatives pour réaliser le changement

De nombreux civils, y compris les intervenants en développement de carrière, les éducateurs et les employeurs, ne comprennent pas la nature de la vie, de la culture et de la formation militaires. Le ministère de la Défense nationale (MDN) propose une introduction aux Forces armées canadiennes (FAC) à l'intention de ceux qui souhaitent en avoir une brève vue d'ensemble.[9] Ce qui suit est une tentative de saisir les éléments clés qui constituent la vie militaire, afin que vous puissiez en avoir une compréhension plus complète pour vous aider dans votre travail.

Les FAC et le ministère de la Défense nationale (MDN) forment l'Équipe de la Défense du Canada. Ils emploient plus de 100 000 employés militaires et civils. Il s'agit du plus important ministère du gouvernement fédéral, et ses objectifs sont les suivants :

1. Protéger le Canada, les Canadiens et les Canadiennes de toute menace contre sa sécurité nationale.
2. Défendre les valeurs des Canadiens et des Canadiennes à l'échelle internationale selon les directives du gouvernement élu.

Les FAC sont chargées de défendre le Canada ainsi que de contribuer à la défense de l'Amérique du Nord et à la sécurité internationale. Le MDN joue un rôle de soutien à l'égard des opérations des FAC – aussi bien pour les services de base que pour le soutien opérationnel et ministériel.

Code de valeurs et d'éthique[10]

L'éthos militaire affirme certaines attentes fondamentales à l'égard de ses membres. Chaque membre doit s'attendre à travailler dans un environnement où règnent le respect mutuel, la dignité et l'inclusion, afin qu'il puisse apporter sa contribution et atteindre tout son potentiel. Les valeurs militaires comprennent la loyauté, le courage, l'intégrité, l'inclusion, l'excellence et la responsabilité.

Voici les attentes professionnelles énoncées :

- Le **devoir** signifie avoir un état d'esprit axé sur la mission et la volonté d'accomplir le travail selon les normes professionnelles les plus élevées, malgré les obstacles et les défis.

- **Accepter une responsabilité illimitée** est au cœur de la compréhension professionnelle du militaire et de son acceptation du devoir. Cela signifie que les personnes ne cèdent jamais et n'ont pas peur du travail, quitte à dépasser leurs limites personnelles pour réussir. Malgré les risques et les difficultés, elles veillent au bien-être de l'équipe, et elles prennent des risques calculés sans attendre de récompense.

- L'**esprit combatif** est la volonté d'entreprendre une tâche, aussi difficile soit-elle. C'est l'engagement de rester calme et de faire preuve de détermination même face à l'adversité et de le faire avec le plus haut niveau de conduite éthique et professionnelle.

- Le **leadership**, c'est prendre des décisions difficiles fondées sur des principes moraux solides, même dans des circonstances défavorables. Les leaders assument des responsabilités et doivent rendre compte de leurs actions. Ils encadrent et perfectionnent leurs subordonnés. Ils sont prêts à donner l'exemple de ce que l'on attend de leurs subordonnés, en incarnant tous les aspects des valeurs et de l'éthos des FAC.

- La **discipline** est essentielle pour maintenir des normes professionnelles élevées, renforcer la cohésion et atteindre les objectifs militaires. Tout en désignant des valeurs partagées et des normes communes, les personnes doivent faire preuve de maîtrise de soi et de développement de la force de caractère nécessaire pour faire face aux exigences et au stress de leur travail.

- L'**esprit d'équipe** est essentiel pour renforcer la cohésion et permettre aux FAC d'opérer de manière conjointe et intégrée. La priorité est donnée au maintien d'une attitude et d'une influence positives pour compléter et développer la diversité des talents au sein de l'équipe, afin que les membres se sentent en sécurité et valorisés.
- L'**état de préparation** signifie prendre au sérieux le désir d'atteindre et de maintenir des normes personnelles et professionnelles élevées, y compris une bonne condition physique, des relations honnêtes et saines avec les autres, et un équilibre entre vie professionnelle et vie familiale.
- L'**intendance** doit être pratiquée par tous les leaders qui s'assurent que leurs subordonnés sont parfaitement préparés pour la mission, bien informés et très motivés dans l'exécution de leurs tâches. Les intendants assurent la santé, la crédibilité et la viabilité à long terme des opérations des FAC.

Haute gouvernance du MDN/des FAC

Le **gouverneur général**, et non le premier ministre, est le commandant en chef du Canada. Il est chargé de désigner le chef d'état-major de la défense, sur recommandation du premier ministre, de décerner les honneurs et les insignes, de présenter les drapeaux, d'approuver les écussons et les insignes militaires, et de signer les documents des commissions.

Le **ministre de la Défense nationale** agit à titre de PDG pour le ministère de la Défense nationale, et gère tout ce qui touche la Défense nationale. Cette personne est un ministre du Cabinet fédéral.

Le **ministre associé de la Défense nationale** est chargé des dossiers de la Défense conformément aux instructions du premier ministre, et veille à fournir aux membres des FAC l'équipement et le matériel requis pour leur travail. Cette personne est aussi un ministre du Cabinet fédéral.

Le **sous-ministre de la Défense nationale** est chargé des politiques, des ressources, de la coordination interministérielle et des relations internationales en matière de défense.

Le **chef d'état-major de la défense** est l'officier le plus haut gradé des FAC. Il ou elle est responsable de l'ensemble du commandement, du contrôle et de l'administration des FAC en plus des exigences, des stratégies et des plans militaires.

Structure des grades

Au sein des FAC, il existe 19 grades et deux types de soldats : les officiers de direction (officiers) et les militaires du rang (MR) (voir le Tableau 1). La culture des FAC repose ouvertement sur la hiérarchie. La chaîne de commandement constitue la colonne vertébrale qui soutient l'efficacité et la discipline opérationnelles. En règle générale, les grades désignent la responsabilité, le statut et l'imputabilité. Ils sont essentiels à la structure disciplinaire de la vie militaire. La responsabilité générale d'un commandant est de prendre des décisions, de guider et d'appuyer les subordonnés, de respecter la chaîne de commandement et d'être responsable des actions de ses subordonnés. Il est de la responsabilité des subordonnés de mettre en œuvre les ordres émis par leur commandant.

Officiers de direction (officiers)

Les officiers doivent être aptes à diriger; à élaborer des politiques, des plans et des programmes; à former des unités et à accomplir les tâches qui leur sont assignées; et à fournir aux militaires du rang des conditions et un environnement adéquat à l'exécution efficace de leurs fonctions. Pour devenir un officier, il est essentiel d'avoir les études universitaires requises ou de s'enrôler dans le Programme de formation des officiers de la Force régulière (PFOR). D'autres voies d'accès au statut d'officier existent pour les militaires du rang dans le cadre du Programme de formation universitaire – Militaires du rang (PFUMR)[11] et pour les professionnels dans le cadre d'autres programmes d'études subventionnées par les FAC[12].

Le grade le plus élevé des FAC est l'amiral ou le général détenant le poste de chef d'état-major de la défense, désigné par le premier ministre parmi le groupe de militaires du grade de vice-amiral ou de lieutenant-général.

Comme vous pouvez le constater en consultant le tableau 1, l'Armée de terre et la Force aérienne utilisent toutes deux la même convention d'appellation pour identifier leurs grades. La Marine est différente. Certains grades de la Marine ne correspondent pas à ceux de l'Armée de terre ou de la Force aérienne. Par exemple, un capitaine de la Marine est trois grades supérieurs à un capitaine de la Force aérienne ou de l'Armée de terre. Le capitaine de la Marine est donc au même niveau qu'un colonel de l'Armée de terre ou de la Force aérienne. Les insignes de la Marine comportent un « N » à côté du titre de capitaine ou de lieutenant. (Pour une représentation graphique des grades et des nominations, voir https://www.canada.ca/fr/services/defense/fac/systeme-identite-militaire/insignes-grade-fonction.html.)

Militaires du rang (MR)

Les MR sont des soldats, des marins et des aviateurs qui constituent l'épine dorsale des FAC. Ils effectuent le travail qualifié nécessaire à toutes les opérations des FAC, y compris le bien-être des troupes dont ils ont la charge. Les MR supérieurs (souvent appelés sous-officiers, ou s/off) participent régulièrement à des initiatives stratégiques aux côtés des généraux et d'autres officiers de direction supérieurs. Ce segment des FAC est divisé en huit grades, le plus haut gradé des militaires du rang étant le premier maître de 1re classe (Marine) ou l'adjudant-chef (Armée de terre et Force aérienne).

Les MR peuvent présenter une demande pour devenir officiers sous différents programmes d'intégration des officiers sortis du rang. S'ils sont acceptés, ils devront obtenir un diplôme universitaire, à moins d'en posséder un. De plus, ceux ayant atteint le grade de sergent, ou l'un des grades du groupe des adjudants, et qui ont démontré de fortes aptitudes de commandement sont susceptibles de se voir offrir un programme d'intégration (officiers sortis du rang). S'ils acceptent ce programme, ils se retrouveront dans le groupe des officiers subalternes de la hiérarchie des officiers. Un diplôme universitaire n'est pas exigé pour ce groupe. (Remarque : Un grand nombre de militaires du rang n'ont aucun intérêt à devenir officiers. Les adjudants-chefs et les premiers maîtres de 1re classe sont les plus hauts gradés de leur métier et jouissent d'une grande influence et d'une portée de commandement qui leur permet d'apporter des changements. De nombreux lieutenants-colonels (officiers supérieurs), selon leur groupe professionnel, ne jouissent pas du même niveau de responsabilité.)

Comprendre la vie et la culture militaires

Tableau 1 : Structure des grades des FAC

Chef d'état-major de la Défense

Marine (uniforme de couleur noire)	Armée (uniforme de couleur verte)	Force Aérienne (uniforme de couleur bleue)
OFFICIERS DE DIRECTION (OFFICIERS)		
— Officiers généraux —		
Amiral	Général	Général
Vice-amiral	Lieutenant-général	Lieutenant-général
Contre-amiral	Major-général	Major-général
Commodore	Brigadier-général	Brigadier-général
— Officiers supérieurs —		
Capitaine de vaisseau	Colonel	Colonel
Capitaine de frégate	Lieutenant-colonel	Lieutenant-colonel
Capitaine de corvette	Major	Major
— Officiers subalternes —		
Lieutenant de vaisseau	Capitaine	Capitaine
Enseigne de vaisseau de 1re classe	Lieutenant	Lieutenant
Enseigne de vaisseau de 2e classe	Sous-lieutenant	Sous-lieutenant
— Officiers subordonnés —		
Aspirant de marine	Élève-officier	Élève-officier

Tableau 1 : Structure des grades des FAC

Marine (uniforme de couleur noire)	Armée (uniforme de couleur verte)	Force Aérienne (uniforme de couleur bleue)
MILITAIRES DU RANG		
— Nominations supérieures —		
Adjudant-chef des FAC	Adjudant-chef des FAC	Adjudant-chef des FAC
Premier maître du commandement	Adjudant-chef du commandement	Adjudant-chef du commandement
Premier maître de la formation	Adjudant-chef de la formation	Adjudant-chef de la formation
— Militaires du rang supérieurs —		
Premier maître de 1re classe	Adjudant-chef	Adjudant-chef
Premier maître de 2e classe	Adjudant-maître	Adjudant-maître
Maître de 1re classe	Adjudant	Adjudant
Maître de 2e classe	Sergent	Sergent
— Militaires du rang subalternes —		
Matelot-chef	Caporal-chef	Caporal-chef
Matelot de 1re classe	Caporal	Caporal
Matelot de 2e classe	Soldat (formé)	Aviateur (formé)
Matelot de 3e classe	Soldat (confirmé)	Aviateur (confirmé)

Comprendre la vie et la culture militaires

Groupes professionnels

Les métiers militaires se répartissent en 12 grandes catégories. Chaque catégorie est constituée d'officiers et de militaires du rang et comporte ses propres exigences en matière d'études ou de formation.

Voici les catégories :

- Soins de santé;
- Informatique et renseignement;
- Services de sécurité et d'urgence;
- Administration;
- Hospitalité et soutien;
- Relations publiques;
- Transport et logistique;
- Opérations de combat;
- Ingénierie et infrastructure;
- Entretien des équipements et des véhicules;
- Aviation;
- Opérations navales.

Durée du service

La durée des contrats de service (CS) est généralement de trois ans pour la Force régulière, mais peut être plus longue selon la demande pour les aptitudes du candidat et la durée de son instruction. Si un militaire suit des études en rapport avec sa profession (par exemple, pour obtenir un diplôme afin de devenir officier ou pour suivre une formation postsecondaire afin d'apprendre un métier) et qu'elles sont payées par les FAC, la durée du service sera prolongée de deux mois pour chaque mois d'études payées. Les militaires de la Force de réserve n'ont pas de contrats fixes pour la durée du service, mais ils peuvent demander à servir à temps plein dans des fonctions contractuelles au sein des Forces régulières.

Normes opérationnelles

Le principe d'universalité du service ou du « soldat d'abord » exige que les militaires répondent à des normes opérationnelles de base : être en forme (réussir une évaluation de leur condition physique), être employable (capable d'accomplir les tâches liées à son emploi) et être déployable (ne pas avoir de contrainte médicale ou de responsabilité professionnelle qui empêche le déploiement). Le déploiement et l'emploi vont de pair, l'un étant nécessaire à l'autre.

État de préparation

Un membre des FAC peut être appelé, sur préavis relativement court, à accomplir une mission en particulier. Cela signifie que le militaire est tenu d'être toujours prêt à : travailler pendant des périodes irrégulières ou prolongées, selon la nature de la mission; utiliser n'importe quel mode de transport; manger de façon sporadique ou à sauter des repas; et travailler dans des conditions de stress physique ou environnemental extrême, et même avec peu ou pas de soutien médical. Il est donc impératif que le corps et l'esprit maintiennent une forme parfaite en tout temps.

Mobilité/mutation

Un militaire actif des FAC peut s'attendre à être muté plusieurs fois au cours de sa carrière. La famille militaire moyenne déménage trois fois plus souvent que les civils[13], et plus de 9 400 membres des FAC doivent déménager dans une nouvelle province, un nouveau territoire ou un nouveau pays chaque année. Une mutation permet généralement à une personne d'acquérir l'expérience nécessaire pour pouvoir prétendre à une promotion ou à un avancement dans la hiérarchie. Bien que les commandants aient leur mot à dire dans les promotions, celles-ci sont examinées chaque année par des comités de promotion où les militaires se mesurent à leurs pairs et sont évalués sur la base de leurs mérites pour les postes de promotion disponibles.

Compétences, état d'esprit et aptitudes

Tous les membres des FAC ont été formés dans des domaines de connaissance pertinents pour la mission des FAC. Les connaissances de base en matière de tactique, de stratégie, de commandement, de leadership, de conduite professionnelle et de relations militaires-civiles sont indispensables à tous. En outre, les militaires peuvent également acquérir des connaissances en matière de gestion des conflits et dans toutes les disciplines pertinentes telles que les arts de la communication, les ressources humaines, l'histoire, les sciences politiques et les sciences sociales, ainsi que des connaissances spécialisées dans leur domaine d'expertise.

Chaque militaire actif doit être apte à utiliser et à prendre soin d'une arme personnelle, à mener des exercices, à combattre des incendies, à prodiguer les premiers soins et la RCR, à communiquer par le biais d'équipements radio et à rédiger de la correspondance. La figure 1 présente les nouvelles compétences des FAC et leur lien avec le rendement au travail et avec les valeurs culturelles militaires.

Figure 1 : Compétences et valeurs des FAC

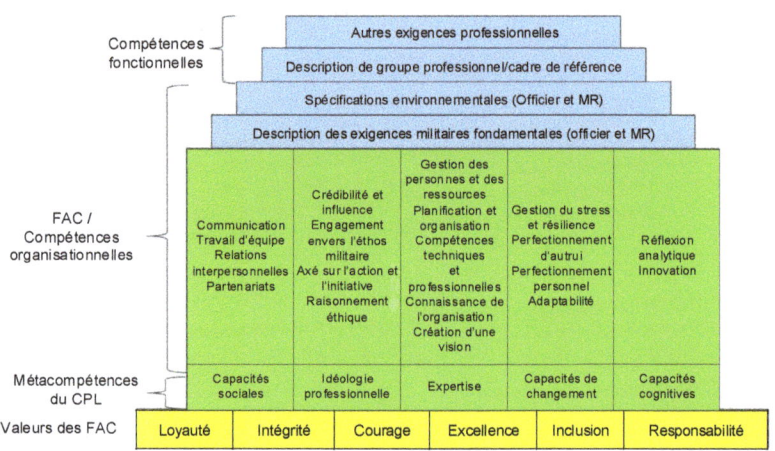

Source : Karen J. Rankin and L. E. Noonan, *Canadian Armed Forces Competency Model (CAF CM): A Framework for Application*, rapport scientifique DRDC-RDDC-2015-196 (Recherche et développement pour la défense Canada, 2015) (disponible en anglais seulement).

Écoles militaires et établissements d'instruction

Un large éventail d'occasions de formation et d'apprentissage est offert après l'enrôlement dans les FAC. Chaque militaire a la chance d'établir des plans d'apprentissage personnels qui lui permettront de perfectionner des compétences ou d'en acquérir de nouvelles. Par contre, le membre des FAC employé à temps plein doit être en mesure de trouver un équilibre entre ses études et la poursuite simultanée de sa carrière à temps plein.

Voici les principaux établissements d'apprentissage associés aux FAC :

- **Le Collège militaire royal du Canada (CMR)** (https://www.rmc-cmr.ca). Situé à Kingston, en Ontario, le CMR forme des officiers exceptionnels prêts à servir le Canada pour les FAC. Il propose des programmes de premier cycle en sciences humaines et sociales, en sciences et en génie, en anglais comme en français.
- **Collège militaire royal de Saint-Jean (CMR Saint-Jean)** (https://www.cmrsj-rmcsj.forces.gc.ca). Partenaire du CMR et situé à Saint-Jean-sur-Richelieu, au Québec, le CMR Saint-Jean offre deux programmes de niveau collégial en sciences sociales et en sciences pour permettre aux officiers et aux aspirants de marine de réussir leur transition de l'école secondaire à l'université. Les étudiants peuvent ensuite passer en deuxième année au CMR.
- **Collège des Forces canadiennes (CFC)** (https://www.cfc.forces.gc.ca/221-fra.html). Situé à Toronto, le CFC ou Collège d'état-major prépare les officiers supérieurs des FAC, les militaires internationaux et les leaders des secteurs public et privé aux futurs rôles de commandement dans le contexte de sécurité mondiale actuel. Il offre des programmes d'étude dans les domaines de la défense, de la sécurité nationale, des opérations et du leadership de direction. L'établissement offre également un programme d'apprentissage à distance : le programme de commandement et d'état-major interarmées.
- **Institut Adjudant-chef Robert Osside**. Accueillant chaque année plus de 3 000 étudiants en ligne et en personne, l'Institut Osside forme les militaires du rang supérieurs des FAC aux compétences et aux connaissances requises pour leur rôle. Les premiers maîtres et les adjudants-chefs peuvent recevoir une formation dans les domaines du leadership intermédiaire, avancé et supérieur et des nominations supérieures. Le Programme de développement professionnel de l'Institut Osside (PEPIO) permet aux M 1/adj de compléter un programme de niveau universitaire aux côtés d'élèves-officiers et d'aspirants de marine, ce qui en fait la seule institution au monde où les officiers et les militaires du rang sont formés ensemble.

Programmes pour les peuples autochtones

Les FAC proposent trois programmes tous frais payés permettant aux peuples autochtones du Canada de se familiariser avec le mode de vie des FAC.

- Le **Programme d'initiation au leadership à l'intention des Autochtones** proposé par le CMR Kingston permet aux participants autochtones de s'inscrire en tant qu'élèves-officiers pendant un an. Le programme propose des plans d'apprentissage individuels, une instruction en leadership, une formation militaire, des sports et des activités de soutien culturel. Les étudiants sont rémunérés au niveau du grade correspondant et bénéficient de la gratuité des frais de scolarité et des livres. Ils peuvent quitter le programme à tout moment.

- Le **Programme d'enrôlement des Autochtones des Forces canadiennes** est un programme de trois semaines offrant une expérience pratique qui expose les étudiants autochtones à la formation, aux carrières et au mode de vie des militaires. Le transport, l'hébergement, la nourriture, les vêtements et tout l'équipement nécessaire sont fournis par les FAC. Il n'y a aucune obligation de s'enrôler dans les FAC après avoir suivi le programme.

- Cinq **programmes d'instruction d'été** sont proposés, chacun d'une durée de six semaines. Les programmes Bold Eagle, Black Bear, Carcajou, Raven et Grey Wolf combinent l'instruction militaire avec des enseignements culturels autochtones. Ils permettent aux étudiants d'acquérir des habiletés comme la confiance en soi, l'autodiscipline, la capacité à travailler en équipe, la gestion du temps, le respect et le maintien de la forme physique. Pendant la durée du programme, les étudiants deviennent des membres temporaires des FAC et, à ce titre, tous les frais sont pris en charge. Les étudiants sont également rémunérés pour la durée de leur participation au programme.

En outre, le Groupe d'instruction de la Génération du personnel militaire (GIGPM) assure l'éducation et la formation des métiers des FAC nécessaires au soutien des opérations terrestres, maritimes et aériennes. « Pour chaque soldat sur le terrain, pilote dans les airs ou marin en mer, il y a sept autres corps de métiers qui soutiennent l'opérateur sur le terrain. Le travail du GIGPM consiste à former ces personnes[14]. » Il supervise huit sites d'instruction à travers le pays : l'école des aumôniers, l'école des pompiers, le centre d'instruction de logistique, le centre de développement de l'instruction, l'école de leadership, l'école de langues, le centre de droit militaire et le centre d'instruction de conduite après la capture.

Établissements d'instruction

L'Armée, la Marine et la Force aérienne supervisent et veillent au respect des normes des établissements d'instruction propres à leur élément. Les établissements d'instruction se spécialisent dans les domaines suivants, qui sont inclus dans la formation fournie par le GIGPM :

- Études aérospatiales;
- Sélection du personnel de l'aviation et instruction à l'étranger;
- Armement;
- Artillerie;
- Instruction élémentaire;
- Aumônerie;
- Commandement;
- Communication;
- Ingénierie;
- Éthique;
- Entraînement de forces militaires étrangères;
- Infanterie;
- Langues;
- Logistique;
- Services de santé;
- Météorologie;
- Renseignements militaires;
- Droit militaire;
- Formation militaire à l'étranger;
- Soutien de la paix;
- Formation de pilotes;
- Maintien de l'ordre;
- Affaires publiques;

- Recherche et sauvetage;
- Tactique.

Des initiatives pour réaliser le changement

Des travaux sont en cours dans l'ensemble de l'Équipe de la Défense pour faire en sorte que tous les militaires se sentent soutenus par les FAC et puissent travailler dans un environnement propice à la réalisation de tout leur potentiel. Les principaux domaines abordés sont les suivants :

- **Inconduite sexuelle** – À la suite d'une évaluation des besoins en matière d'instruction, plusieurs recommandations sont en cours d'élaboration afin de cibler et d'éliminer les comportements préjudiciables au sein des FAC. Au sein du Centre de soutien et de ressources sur l'inconduite sexuelle (CSRIS), les militaires et les familles concernés peuvent bénéficier de services de soutien, participer à des démarches réparatrices, communiquer avec des équipes de soutien par les pairs, accéder à une assistance juridique et participer à des consultations communautaires.

- **Conduite professionnelle et culture** – Ce plan énonce les questions spécifiques auxquelles les leaders doivent répondre à chaque cycle de rapport pour s'assurer qu'ils atteignent leurs objectifs d'augmentation de la représentation, de l'inclusion et de la participation des groupes sous-représentés à tous les niveaux des FAC. Il s'agit notamment de la nomination du chef de la conduite professionnelle et de la culture dont la mission est de diriger les efforts institutionnels vers un cadre de conduite professionnelle et de culture qui s'attaque à tous les types de discrimination, de comportements préjudiciables, de préjugés et d'obstacles systémiques.

- **Santé et bien-être** – Plus de 950 millions de dollars seront investis dans la création de nouveaux programmes de santé et de bien-être pour les membres de l'Équipe de la Défense et dans la refonte des programmes existants, afin que les membres soient en mesure de relever les défis professionnels et personnels. Il s'agit notamment de la création d'une Direction de la Santé des femmes au sein du système des Services de santé des Forces canadiennes, dont la mission est de superviser la recherche spécifiquement axée sur les membres féminins, ainsi que diverses initiatives liées à la santé visant à améliorer les services et les ressources destinés aux membres féminins. En outre, l'Équipe de la Défense a publié une Stratégie de santé globale et de mieux-être – une approche renouvelée et intégrée de la prise en charge des membres de l'Équipe de la Défense et de leurs familles et de la promotion du mieux-être dans tous les domaines.

- **Inclusion du genre** – Des grades militaires inclusifs ont été introduits pour permettre aux militaires d'exprimer leur grade d'une manière qui corresponde le mieux à leur genre. La mention du sexe sur les permis de conduire militaires a également été supprimée.

- **Processus de promotion et de sélection inclusif** – La formation sur la sensibilisation aux préjugés et l'obligation pour un membre votant d'appartenir à un groupe en quête d'équité sont deux initiatives clés visant à améliorer le processus de promotion et de sélection des FAC.

- **Mise à jour de la politique sur l'allaitement et l'utilisation du tire-lait** – Cette politique couvre plusieurs points, y compris la possibilité de porter avec l'uniforme des t-shirts d'allaitement financés par l'armée, un plan d'allaitement pour soutenir les membres et des pratiques inclusives pour les nourrissons.

- **Congés pour motifs personnels et permissions (absences)** – Pour réduire le stress personnel et familial, les membres des FAC pourront demander des congés en cas de tragédie, de situation familiale ou même d'accommodement religieux ou spirituel.

- **Normes actualisées en matière d'uniformes et de tenue** – Ces normes suppriment les obstacles au choix des vêtements et d'autres aspects de la tenue afin que la diversité des militaires en uniforme puisse être respectée sans compromettre l'efficacité opérationnelle et la sécurité.

- **Personnes ambassadrices de l'Espace positif** – Ce groupe fournit de l'aide et promeut la sensibilisation à la diversité et l'inclusion pour parler ouvertement et positivement de la diversité de genre et sexuelle.

* * *

J'espère que vous avez désormais une meilleure compréhension de la vie militaire, de la culture, des valeurs et des nouvelles initiatives, ainsi que de la manière dont tous ces éléments influencent la réflexion, l'état d'esprit, l'approche, les compétences et les perspectives des membres des FAC lorsqu'ils effectuent leur transition vers la vie civile et vers un nouvel emploi.

Dans le prochain chapitre, nous en apprendrons davantage sur la Force de réserve et ses composantes, sur les compétences de ses membres et sur les ressources mises à la disposition des employeurs et des réservistes.

PRINCIPAUX ÉLÉMENTS D'APPRENTISSAGE

★ La culture militaire s'engage à respecter des normes professionnelles élevées et un code de conduite.

★ La priorité d'un militaire est la mission en premier lieu et soi-même en dernier lieu.

★ Diverses occasions d'instruction sont disponibles au sein des FAC.

★ Les compétences et les qualités requises pour servir dans les FAC sont nombreuses et peuvent être mises à profit dans un emploi civil.

★ De nouvelles initiatives sont en place pour rendre les FAC plus inclusives et pour garantir la disponibilité opérationnelle.

CHAPITRE 2

Réservistes des FAC

CONTENU DU CHAPITRE
- Groupes au sein de la Force de réserve
- Rôle élargi des réservistes
- Options professionnelles
- Subventions de l'employeur
- Ressources pour demander un congé de l'emploi civil

Outre la Force régulière des FAC, il existe une Force de réserve des FAC. Du point de vue de la culture et des caractéristiques, la Force de réserve comporte des éléments uniques qu'il convient de connaître et de comprendre. Contrairement aux membres de la Force régulière qui sont obligés d'aller là où on les envoie, les réservistes ont plus de latitude pour se porter volontaires en vue d'un déploiement ou d'une instruction.

Groupes au sein de la Force de réserve

La Force de réserve du Canada est composée de 28 500 membres répartis dans tout le pays. Sa juridiction comprend les quatre groupes suivants :

La Première réserve (forces maritimes, terrestres, aériennes et d'opérations spéciales)

Formés aux mêmes normes que leurs homologues de la Force régulière, les réservistes ont la possibilité de travailler à temps partiel pour les FAC. De nombreux militaires de la réserve occupent des postes civils à temps plein ou poursuivent des études. À l'issue de leur formation de groupe professionnel de base, les réservistes travaillent ou suivent une instruction selon des horaires et des modèles qui varient en fonction de leur élément de service. Chaque élément a une durée minimale et une exigence annuelle de maintien des compétences pour garantir l'efficacité opérationnelle. Les salaires de la Force de réserve se situent entre 85 % et 92 % des salaires de la Force régulière, la majorité des métiers se situant à 92 %[15]. L'emploi comprend également un ensemble d'avantages sociaux raisonnables. Les réservistes déployés dans le cadre d'opérations nationales ou étrangères reçoivent une rémunération et des avantages identiques à ceux de leurs compatriotes de la Force régulière. Les réservistes en déploiement opérationnel (par exemple, opérations militaires à l'étranger, opérations nationales sélectionnées, etc.) doivent s'intégrer rapidement et sans heurts à leurs homologues de la Force régulière pour former une force combinée cohésive et hautement performante. Leur instruction et leur disponibilité opérationnelle doivent donc être optimales à tout moment. Pour s'enrôler dans la réserve, il faut être âgé d'au moins 16 ans (avec l'accord des parents) et avoir terminé le secondaire 4 (10e année) ou l'équivalent.

Service d'administration et d'instruction des organisations de cadets (SAIOC)

Ce groupe est un sous-élément constitutif de la Force de réserve et est responsable de l'administration, de la supervision et de la formation des Cadets et des Rangers juniors canadiens, qui comptent parmi les plus importants programmes de leadership et de mobilisation des jeunes au Canada. Le Cadre des instructeurs de cadets, composé de 7 500 membres, assure cette instruction et ce soutien, ce qui en fait la plus grande unité d'instruction au sein des FAC.

Les Rangers canadiens

Toujours prêts à servir, les Rangers apportent un soutien militaire aux communautés rurales ou éloignées du Canada. Les Rangers canadiens sont environ 5 000 à servir dans 200 communautés différentes. Les Rangers peuvent recevoir jusqu'à 12 jours de solde par an, en plus de toutes les autres tâches des FAC pour lesquelles ils ont été sollicités. Ils sont considérés comme « en service » au cours de l'instruction et lorsqu'ils sont appelés à intervenir dans le cadre d'une urgence ou d'une opération nationale. Contrairement à leurs homologues des FAC, les Rangers élisent leurs chefs de patrouille. Pour devenir Ranger canadien, il faut : être citoyen canadien, avoir au moins 18 ans, être jugé physiquement et mentalement apte à exercer les fonctions de Ranger selon le commandant, ne pas avoir été condamné pour un délit grave sans réhabilitation, et ne pas être membre d'un autre sous-élément constitutif des FAC ou d'une organisation affiliée qui entrerait en conflit avec les fonctions exigées d'un Ranger.

La Réserve supplémentaire

Gérée par le commandant du Commandement du personnel militaire, la Réserve supplémentaire est composée de membres des FAC qui ont déjà servi dans la Force régulière ou dans un autre sous-élément constitutif de la Force de réserve, ou qui n'avaient pas d'expérience militaire antérieure lorsqu'ils se sont enrôlés, mais qui possèdent des compétences ou une expertise spéciales pour lesquelles il existe un besoin militaire. Le but de la Réserve supplémentaire est d'augmenter l'effectif de la Force régulière et d'autres sous-éléments constitutifs de la Force de réserve. La Réserve complémentaire compte environ 6 700 membres. Les membres de la Force de réserve supplémentaire ne sont pas tenus de suivre une instruction militaire ou d'accomplir des tâches militaires, à moins qu'ils ne soient volontairement transférés ou mis en service actif, en cas d'urgence nationale.

Si vous vous demandez en quoi ces informations peuvent vous être utiles pour travailler avec des membres de la Réserve en tant qu'intervenant en développement de carrière, rappelez-vous l'objectif de ce guide : accroître les connaissances et la compréhension. D'un point de vue personnel, je ne connaissais pas la nature et la rigueur de l'instruction exigée des membres de la Force de réserve. Je ne connaissais pas non plus le niveau et l'étendue des responsabilités qu'ils peuvent avoir. Les réservistes ne sont pas seulement des militaires à temps partiel; ils sont extrêmement bien formés et sont capables, le cas échéant, de s'intégrer rapidement et efficacement dans une unité de la Force régulière pour de courtes durées.

Compétences

Les réservistes sont formés et entraînés pour avoir une solide éthique de travail, pour mener à bien leur mission, pour être fiables, flexibles et en bonne forme physique et mentale, et pour faire preuve d'un comportement professionnel, de responsabilité et d'obligation de rendre compte. Tous les réservistes possèdent de l'expérience en travail en équipe, que ce soit dans un rôle de leadership ou de subordonné, et ils ont donc une bonne compréhension de la manière dont leur rôle contribue à l'efficacité opérationnelle. Nombre d'entre eux sont des adeptes du leadership et de la gestion administrative, de la budgétisation et de la gestion de la chaîne d'approvisionnement à la gestion du risque et à la promotion du travail d'équipe. Et puisqu'ils ont été formés dans des domaines supplémentaires, tels que l'éthique, la résolution de conflits, la planification et la gestion de projets, la lutte contre le harcèlement, la manipulation de matières dangereuses, l'hygiène et la sécurité au travail, la sûreté, les premiers secours, entre autres, ils sont bien outillés pour apporter ces connaissances et cette expertise dans un milieu de travail civil.

De nombreux réservistes sont uniques en ce sens qu'ils utilisent leurs compétences et leurs expériences militaires pour améliorer leur emploi civil et, inversement, ils utilisent leurs compétences et expériences civiles pour améliorer leur service militaire. Les réservistes sont véritablement à la croisée des chemins entre le monde militaire et le monde civil.

Forts de ces connaissances sur les réservistes, nous pouvons, en tant qu'intervenants en développement de carrière, les aider plus efficacement à exprimer ce qu'ils apportent. Nous pouvons poser de meilleures questions et les aider à documenter des compétences qu'ils considèrent comme acquises.

Possibilités d'emploi pour les réservistes

Comme indiqué précédemment, le travail à temps partiel dans les Forces de réserve développe le leadership, enseigne la débrouillardise et permet d'acquérir une multitude de compétences en marketing transférables dans les domaines de la communication, du travail d'équipe, de la gestion du temps, de la formation, de la résolution de problèmes et de la planification stratégique, pour n'en citer que quelques-uns.

Les réservistes des FAC ont accès à un large éventail de métiers et de spécialités dans les mêmes catégories que leurs homologues de la Force régulière :

- Soins de santé;
- Informatique et renseignement;
- Services de sécurité et d'urgence;
- Administration;
- Hospitalité et soutien;
- Relations publiques;
- Transport et logistique;
- Opérations de combat;
- Ingénierie et infrastructure;
- Entretien des équipements et des véhicules;

- Aviation;
- Opérations navales.

Besoins en matière d'emploi

On pourrait supposer que, sur le plan de l'emploi civil, les réservistes ne rencontrent pas les mêmes difficultés de transition que les membres de la Force régulière puisqu'ils n'ont jamais quitté le monde civil. Mais la situation de l'emploi des réservistes est plus complexe qu'il n'y paraît. Selon Tom Quigley, du Treble Victor Group, les réservistes sont confrontés à une charge supplémentaire lorsque les employeurs civils supposent que les obligations du service de réserve entreront en conflit avec leur capacité à effectuer le travail pour lequel ils sont employés. Cette perception de « handicap » pourrait influencer la décision d'un employeur de recruter un réserviste, car la Loi sur les normes d'emploi empêche les employeurs de refuser des demandes de congé si un employé est déployé par les FAC (au Canada ou à l'étranger) ou participe à une formation sur les compétences militaires ou à des fonctions connexes. En d'autres termes, si l'employeur n'engage pas le réserviste, il n'est pas tenu de lui donner un tel congé.

En outre, certains réservistes effectuent de longues périodes de service à temps plein, voire une carrière complète, au sein des FAC. Ces personnes, qui n'ont peut-être jamais exercé de fonctions civiles auparavant, expérimenteront les mêmes défis d'adaptation au monde civil et auront besoin d'autant de soutien que leurs homologues de longue date des Forces régulières; elles devront également s'adapter à de nouvelles normes culturelles, à de nouvelles identités et à de nouvelles attentes au sein du monde du travail civil, dont certaines sont contraires à ce qu'elles ont appris dans le cadre du concept des priorités militaires « la mission d'abord, l'équipe ensuite, et soi-même en dernier lieu ». Qu'il s'agisse de la Force régulière ou de la Force de réserve, sur le plan culturel, de nombreux militaires en transition ont tendance à continuer de mettre en avant l'équipe plutôt que leur propre rôle, et éprouvent des difficultés à se défendre davantage dans le cadre d'un emploi civil.

Programmes de soutien

Il existe une myriade de programmes ouverts à la fois à la Force régulière et aux réservistes. Le premier point d'accès pour les militaires et leurs familles lorsqu'ils planifient leur transition hors de l'armée est le **Centre de transition des Forces armées canadiennes**. Ils y bénéficieront de services personnalisés d'aide à la transition professionnels et normalisés dans de multiples domaines du bien-être. Cela comprend leur santé, leurs finances, leur intégration sociale et culturelle, le logement et leur environnement physique, ainsi que le soutien de leurs pairs et leurs objectifs de vie. Les militaires et leurs familles seront également mis en contact avec **ACC**, qui leur fournira des informations, des conseils et un soutien tout au long du processus de transition et au-delà.

Vous trouverez ci-dessous une liste de quelques-uns des principaux soutiens apportés aux militaires et à leurs familles au cours du processus de transition (voir le chapitre 12 pour une liste plus complète).

Engagement et partenariats avec la transition militaire (EPTM)

https://www.canada.ca/fr/ministere-defense-nationale/services/avantages-militaires/transition/eptm.html

EPTM est un réseau numérique national qui comprend les organisations, les entreprises et les programmes qui soutiennent les militaires et vétérans en transition et leurs familles. EPTM travaille en partenariat avec Anciens Combattants Canada (ACC), le Chef – réserves et appui de l'employeur (CRAE), les Services de bien-être et de maintien du moral des Forces canadiennes (SBMFC), les Services aux familles des militaires (SFM) et d'autres entités gouvernementales. Pour se joindre au réseau de soutien d'EPTM, les organisations peuvent présenter leurs renseignements et un conseiller d'EPTM communiquera avec elles pour les accompagner dans leur demande. L'EPTM gère également le **Répertoire national des ressources** (https://military-transition.canada.ca/fr/repertoire-national-des-ressources), dans lequel les membres en transition peuvent rechercher un éventail de ressources par province, par domaine de bien-être et par secteur de la société canadienne.

Services de réorientation professionnelle d'Anciens Combattants Canada

https://www.veterans.gc.ca/fr/etudes-et-emploi/trouvez-un-nouvel-emploi/services-de-reorientation-professionnelle

Anciens Combattants Canada a amélioré ses services de réorientation professionnelle afin d'offrir un système de soutien plus complet aux membres des Forces armées canadiennes qui sont encore en service, aux vétérans, aux conjoints/partenaires et aux survivants qui remplissent les conditions requises. Ces services améliorés comprennent l'orientation professionnelle individuelle, l'aide à la rédaction de CV, la préparation aux entrevues, l'information sur le marché du travail et l'aide à la recherche d'emploi. En outre, Anciens

Combattants Canada a établi des partenariats avec des employeurs et des organisations afin de faciliter les entrevues et les possibilités de réseautage pour les vétérans. La Stratégie nationale d'emploi pour les vétérans et les vétéranes, lancée en 2024, est un engagement à aider chaque vétéran à trouver une carrière enrichissante après le service[16].

Chef – réserves et appui de l'employeur (CRAE) – Soutenir les réservistes

https://www.canada.ca/fr/ministere-defense-nationale/services/force-reserve-canada/soutenir-reservistes.html

Cette page Web contient des informations destinées aux employeurs et aux éducateurs, ainsi que des détails sur les services suivants :

- **Initiative de soutien aux réservistes – La vaillance de cœur**
    - Cette initiative symbolise l'engagement de certains employeurs à attirer et à conserver des employés talentueux de la Réserve en faisant preuve de flexibilité afin qu'ils puissent concilier leur travail et leurs engagements militaires. Cette initiative souligne leur soutien aux réservistes et salue les compétences et les talents qu'ils apportent sur le lieu de travail.

- **Programme de dédommagement des employeurs de réservistes (PDER)**
    - Ce programme unique des FAC réduit les conflits entre les employeurs et les employés réservistes en dédommageant les employeurs pour le temps manqué par leurs employés réservistes lorsqu'ils sont appelés à servir. Ce programme, accessible aux employeurs civils et aux réservistes indépendants, permet de compenser les coûts opérationnels liés à l'absence d'un employé réserviste pour des raisons militaires. Les candidats peuvent recevoir une aide forfaitaire lorsque le réserviste reprend le travail après une absence de 30 jours ou plus.

- Les critères de qualification sont les suivants :
    - ✓ L'employeur civil doit être un employeur canadien d'un employé réserviste qui est membre de la Première réserve ou des Rangers canadiens.
    - ✓ Le congé de l'employé doit être d'une durée minimale de 30 jours et la nature du congé doit être de participer à une formation sur les compétences militaires et à des activités connexes.
    - ✓ L'employeur doit soumettre un dossier complet de demande de subvention, accompagné des pièces justificatives, au plus tard 12 mois après le retour au travail du réserviste.
    - ✓ Les réservistes qui sont travailleurs autonomes doivent fournir des documents prouvant que leur entreprise est active et qu'elle constituait leur principal emploi au cours des trois mois consécutifs précédant le congé pour obligations militaires.

Fondation Les Fleurons glorieux

https://truepatriotlove.com/fr/

En partenariat avec Anciens Combattants Canada, GT FAC, SBMFC et un grand nombre d'employeurs, La Fondation Les Fleurons glorieux mène des recherches et rédige des rapports sur un certain nombre de pratiques exemplaires visant à rendre le Canada plus accueillant pour les vétérans. Elle défend activement auprès des employeurs les qualités et les compétences uniques que les réservistes apportent sur le lieu de travail. La Fondation Les Fleurons glorieux soutient l'ensemble de la communauté des FAC en finançant des programmes, en facilitant les collaborations, en soutenant la recherche et en plaidant en faveur de l'élaboration et de la modification des politiques.

Treble Victor Group

https://treblevictor.org/

Treble Victor est l'un des principaux organismes de défense des droits des vétérans en matière d'emploi au Canada. Sa mission est de permettre aux anciens militaires de réaliser tout leur potentiel dans une carrière après le service grâce à des valeurs communes, au soutien mutuel, au travail d'équipe, au mentorat et au réseautage.

Congé de réserviste

Congé de réserviste dans les codes du travail

Les FAC travaillent depuis de nombreuses années avec le gouvernement fédéral et avec toutes les provinces pour inclure un certain niveau de congé pour les réservistes dans leurs codes du travail. Il s'agit d'un congé protégé qui fait partie de la même catégorie que le congé de deuil ou le congé pour raisons familiales. Voici les liens vers les parties pertinentes de chaque code du travail :

- Compétence fédérale : Code canadien du travail (Section XV.2)
- Colombie-Britannique : Employment Standards Act (Section 52.2)
- Alberta : Employment Standards Code (Section 53.2, page 37)
- Saskatchewan : Saskatchewan Employment Act (Section 2-53, page 39)
- Manitoba : Code des normes d'emploi (Section 59.5)
- Ontario : Loi sur les normes d'emploi (Article 50.2)
- Québec : Loi sur les normes du travail (Article 81.17)
- Nouveau-Brunswick : Loi sur les normes d'emploi (Section 44.031)
- Nouvelle-Écosse : Labour Standards Code (Section 60H, page 46)
- Île-du-Prince-Édouard : Employment Standards Act (Section 23.1, page 39)
- Terre-Neuve-et-Labrador : Labour Standards Act (Part VII.4)
- Nunavut : Labour Standards Act (Part V.2, page 22)
- Territoires du Nord-Ouest : Loi sur les normes d'emploi (Section 32, page 40)
- Yukon : Loi sur les normes d'emploi (Section 60.50, page 42)

Ce qu'il faut savoir sur les demandes de congé

Si vous avez des clients dans la Force de réserve, voici quelques conseils utiles à savoir au sujet des demandes de congé :

- Un employé réserviste n'a pas à quitter son emploi pour aller en déploiement.
- La préparation est essentielle lorsqu'il s'agit de présenter une demande de congé à un employeur.

- Le délai de préavis pour un congé varie d'un employeur à l'autre et peut aller d'un à trois mois avant la date du congé. Il est recommandé de connaître les politiques de l'employeur.

- Des modèles de lettres de demande de congé pour service militaire sont disponibles sur le site Web du MDN[17].

- Il est suggéré à l'employé réserviste de demander s'il retrouvera le même emploi civil ou un emploi équivalent à l'issue de sa période de service.

- Les personnes qui demandent un congé auprès d'une université ou d'un établissement d'enseignement supérieur doivent vérifier la politique de leur établissement concernant le report de l'achèvement de leur programme d'études si elles sont appelées à servir.

Rôle élargi des réservistes

Dans « Une nouvelle vision pour la Force de réserve », il est explicitement souligné qu'un changement fondamental doit intervenir dans la Force de réserve afin de répondre aux exigences imposées à l'Équipe de la Défense du Canada dans l'exécution de sa mission[18]. Cela nécessite la mise en place d'une Force de réserve plus forte et prête pour les opérations, qui puisse être mobilisée en cas de besoin.

Quatre objectifs stratégiques ont été définis pour permettre cette extension des capacités :

1. **Recruter et maintenir en poste** un contingent de réservistes hautement qualifiés, souples et prêts pour les opérations. Il s'agit notamment d'augmenter le nombre de membres de 1 500, d'offrir des emplois d'été à temps plein aux réservistes durant les quatre années et d'utiliser les réservistes possédant des compétences spécialisées pour combiner les postes dans la cyberforce des FAC.

2. **Concevoir et établir des rôles** nouveaux et renforcés pour les réservistes ainsi que pour les unités et les formations de la Force de réserve. Grâce au recrutement stratégique, au marketing, à la création d'emplois et à d'autres initiatives, l'objectif est d'intégrer davantage *toutes* les sections des membres de la Réserve et de les préparer à assumer des missions élargies en cas de besoin.

3. **Moderniser les politiques en matière de carrière et les politiques et socioéconomiques.** Il s'agit notamment d'offrir des avantages sociaux et une rémunération attrayants, une législation sur la protection de

l'emploi et des systèmes souples qui permettent de passer de la Force de réserve à la Force régulière et vice-versa.
4. **Créer et mettre en œuvre** un modèle permettant d'intégrer pleinement cette Force de réserve élargie dans l'ensemble de l'équipe des FAC.

Les réservistes en tant que défenseurs

Selon le lieutenant-colonel (à la retraite) Eleanor Taylor, responsable de la promotion et de l'engagement communautaire de La Fondation Les Fleurons glorieux, les réservistes sont le lien « vivant » entre les FAC et le monde civil. Le fait même qu'ils oscillent entre ces deux environnements les place dans une position unique pour démontrer les qualités et les compétences exceptionnelles que les vétérans des FAC peuvent apporter au milieu de travail civil. Grâce à leurs compétences bien développées en matière de leadership, de travail en équipe et d'exécution de la mission, à leur adaptabilité et à leur agilité, ainsi qu'à leurs aptitudes en matière de communication et de connaissances générales, ils constituent des témoignages concrets qui peuvent contribuer à déconstruire les mythes et les perceptions erronées des employeurs à l'égard des militaires et des vétérans. Les réservistes peuvent également, par la gratitude qu'ils manifestent à leurs employeurs de leur avoir accordé du temps de servir leur pays, renforcer l'impression qu'il s'agit de « bonnes personnes ».

Il faut plus de champions

Le bureau de la Direction des programmes d'appui des employeurs des FAC offre aux cadres civils la possibilité d'être formés et de faire l'expérience du haut niveau d'instruction investi dans chaque réserviste. Les cadres qui y participent sont très impressionnés et désireux de trouver des moyens d'intégrer les réservistes sur leur lieu de travail. Ce type de « spectacle », en corrélation avec l'approche narrative, gagne du terrain et de l'élan. Si les employeurs n'embauchent pas de réservistes et ne conservent pas leurs emplois, de nombreux réservistes quitteront les forces armées, ce qui aura une incidence sur la capacité des FAC à défendre correctement nos libertés civiles. Les intervenants en développement de carrière peuvent demander à être invités à ces événements en tant que groupe. Ensuite, après avoir constaté par eux-mêmes ce qui a impressionné ces cadres, ils pourront à leur tour devenir des champions et des personnes d'influence pour les réservistes et les vétérans.

***

Passons maintenant au chapitre suivant, qui traite des besoins en matière d'emploi des militaires et des vétérans en transition.

PRINCIPAUX ÉLÉMENTS D'APPRENTISSAGE

★ La Force de réserve est diversifiée et très bien entraînée.

★ Les employeurs qui considèrent l'embauche de réservistes comme une faiblesse ou un handicap ne sont peut-être pas conscients de tout ce qu'ils ont à offrir.

★ Les réservistes, qui se trouvent à la jonction des mondes militaire et civil, peuvent être les ambassadeurs de la transition et des valeurs militaires.

★ Un dédommagement est prévu pour les employeurs admissibles qui accordent un congé aux réservistes. Des dossiers de demande sont disponibles.

★ Les congés pour les réservistes sont mentionnés dans tous les codes du travail canadiens, autant à l'échelle fédérale que provinciale.

★ Des modèles de lettres de demande de congé adressées aux employeurs sont disponibles pour les réservistes et les commandants.

PROFIL D'UN VÉTÉRAN

« Le militaire »

La vie militaire a toujours fasciné Marcel. Influencé en partie par des membres américains de sa famille qui ont servi leur pays, il a souhaité avoir l'occasion de servir le Canada et s'est donc engagé. L'armée a pris une grande place dans sa vie et tout le monde dans sa petite communauté de l'est du Canada le surnommait « le militaire ».

Face à la décision d'aller à l'université et de chercher une carrière, l'armée semblait être une valeur sûre, surtout pour quelqu'un issu d'une famille nombreuse qui n'avait pas les moyens de l'envoyer à l'université. Le fait qu'il puisse travailler dans la Réserve et d'en bénéficier pour que les frais de scolarité soient payés a été une motivation supplémentaire pour s'engager.

Commençant en 2012 comme simple soldat dans la Force de réserve de l'infanterie, Marcel a pu terminer son diplôme universitaire pendant qu'il était dans la Réserve et, après avoir obtenu son diplôme, il a signé un contrat de service en classe B à temps plein. Il a servi en Ukraine, en Lettonie et dans l'Arctique, et a vraiment apprécié le côté des déploiements de la vie militaire. Sa plus longue période de travail a été de 5 à 6 ans à temps plein aux FAC.

Marcel avait en fait deux raisons de quitter définitivement la Réserve : (1) il n'avait tout simplement plus le temps. Au grade de sergent auquel il avait accédé, il devait travailler toutes les fins de semaine tout en consacrant 60 heures par semaine à son emploi civil. Il n'avait donc pas d'équilibre entre sa vie professionnelle et sa vie privée. (2) Il était de plus en plus frustré par la vie militaire, et la réprimande de son commandant lorsqu'il a annoncé son intention de partir a été la goutte d'eau qui a fait déborder le vase.

Marcel déclare n'avoir bénéficié d'aucun service de transition lors de son départ et ne se souvient pas non plus qu'on lui ait donné des conseils. Il raconte qu'on lui a dit de venir signer ses papiers de démobilisation et c'est tout. Il admet s'être senti très blasé à ce moment-là, et ce manque de reconnaissance lui a prouvé qu'il était temps de partir. On lui a dit que s'il gardait son insigne de coiffure, qu'il croyait pouvoir garder, il serait déclaré perdu et on le lui en facturerait le montant.

Comme il n'avait jamais complètement quitté le monde civil, la transition n'a pas été très difficile en termes d'adaptation. Le diplôme de Marcel en sciences religieuses et en commerce, ainsi que son instruction en leadership et les compétences que lui a apportées le service militaire, lui ont permis d'acquérir les compétences nécessaires pour décrocher un poste de recruteur à temps plein dans une entreprise technologique. Un an plus tard, il est devenu gestionnaire de comptes et est resté dans cette entreprise pendant trois ans. Marcel travaille actuellement dans le domaine des affaires gouvernementales à Ottawa. Il aime son travail et se sent très soutenu.

En ce qui concerne l'adaptation à la culture du travail civil, Marcel indique que cela a été à la fois facile et difficile. Difficile en ce sens que son surnom du « militaire » reflétait à quel point son identité était liée à l'armée. Il se souvient de la première cérémonie du jour du Souvenir à laquelle il a assisté sans porter l'uniforme, après avoir été un participant actif en uniforme pendant 14 ans : « Cela m'a fait un drôle d'effet ». D'un autre côté, le fait de retourner dans un monde qu'il n'avait jamais quitté signifiait qu'il n'a pas vécu de choc culturel.

Lorsqu'on lui demande quels conseils il donnerait à ceux qui souhaitent passer de l'armée à la vie civile et au travail dans le monde civil, Marcel répond par ces mots :

- ✓ L'organisation survivra sans vous. Il est difficile de penser d'abord à soi en raison de la devise « le service avant la personne », mais les militaires s'en accommodent. Ils trouveront un moyen de continuer. Tant que vous êtes là, l'armée vous utilisera. À un moment donné, il faut prendre du recul et penser d'abord à soi. Mais la machine continue.
- ✓ Créez des liens avec le monde civil bien avant votre départ.
- ✓ Vous avez déjà été confronté à des défis difficiles dans le cadre de votre service. La transition est un autre défi à relever.

Marcel recommande aux intervenants en développement de carrière et aux prestataires de services de résister à l'idée reçue que tous les vétérans souffrent d'un trouble de stress post-traumatique et qu'il faut le traiter avec précaution. Quatre-vingts pour cent des vétérans ne sollicitent jamais les prestations d'Anciens Combattants Canada, et beaucoup de ceux qui le font trouvent ce qu'ils cherchent, même si le processus est laborieux. « Abordez chaque vétéran à sa juste valeur. Pas comme un blessé ambulant. Traitez-le comme un être humain. Pas comme une victime. Rappelez-lui qu'il a été confronté à des défis difficiles pendant son service et que la transition vers le monde civil est un autre défi pour lequel il peut tirer parti de ses forces et de son instruction. »

CHAPITRE 3

Comprendre les besoins des vétérans

CONTENU DU CHAPITRE

- Raisons de quitter le service militaire
- Statistiques sur la transition
- Besoins en formation
- Besoins en matière d'emploi
- Ressources choisies

La décision de partir

La transition vers la fin du service militaire peut avoir lieu dès la fin de la durée du service du militaire, conformément à son contrat. Cependant, dans certains cas, il est possible qu'une démobilisation soit accordée avant la fin du contrat, sur demande. L'âge de la retraite obligatoire pour les membres des Forces armées canadiennes (FAC) est de 60 ans. Toutefois, le Chef d'état-major de la défense (CEMD) a le pouvoir discrétionnaire d'autoriser le service au-delà de cet âge dans certains cas.

Les principales raisons pour lesquelles les vétérans des FAC quittent volontairement le service avant la retraite sont essentiellement liées à ces domaines :[19]

- **Stabilité géographique** – Le service militaire peut avoir des répercussions sur les besoins de la famille. Les enfants sont affectés lorsqu'ils doivent changer fréquemment d'école et lorsqu'ils laissent derrière eux des amis et des soutiens et que tout est à recommencer. Qu'en est-il lorsque les prestataires de soins de santé ne sont plus à proximité? Comme l'indique le profil de Simone (voir page 163), les multiples déménagements et déploiements qui constituent la vie militaire peuvent représenter un défi pour les familles.

- **Impact de la vie militaire sur les conjoints/partenaires** – Il peut arriver que le partenaire non militaire en ait assez du mode de vie militaire en raison de l'impact qu'il a sur son propre développement de carrière ou son bien-être mental.

- **Gestion de carrière/insatisfaction professionnelle** – Si un militaire se trouve dans une impasse professionnelle dans l'armée, s'il n'a pas l'occasion d'être déployé, s'il fait un travail qui n'a pas d'intérêt pour lui, s'il ne se sent pas reconnu ou s'il n'est tout simplement pas à sa place dans la structure militaire et qu'il croit qu'il pourra mieux gérer sa carrière dans le monde civil, il peut choisir de se retirer.

Les militaires qui ont quitté les Forces armées canadiennes (FAC) peuvent ressentir une perte d'identité. Ils pourraient regretter l'autorité qu'ils exerçaient ou la discipline du milieu militaire. Les Forces armées représentent un style de vie motivé, structuré et dominé par un but bien précis – une occupation 24 heures sur 24, 7 jours sur 7, avec ou sans uniforme.[20] Pendant leur service, les militaires ont peu d'occasions de se détacher complètement du mode de vie militaire. Ils portent un uniforme qui indique leur grade et leur engagement envers leur pays. Ils font face à des défis et vivent des aventures qui se retrouvent dans peu d'environnement de travail. Lorsqu'un militaire quitte les FAC, il renonce à tout ça. Il peut alors avoir l'impression de perdre une partie de lui-même, de ce qu'il est en tant que personne.

La figure 2 illustre les nombreux points d'intersection entre la vie d'un militaire et la culture militaire. Plus les points d'intersection se chevauchent et plus les expériences croisées sont intenses, ce qui signifie que la transition risque d'être plus difficile. Cependant, en raison de la nature immersive de la culture militaire, le rôle, la classe, la profession, la spiritualité, le genre, l'âge et l'identité familiale d'une personne peuvent devenir indissociables de la plus grande identité culturelle militaire ou être englobés dans celle-ci. En tenant compte du fait que de nombreux aspects de l'identité du militaire sont liés à la culture et au mode de vie militaires, nous comprendrons mieux ceux qui luttent contre les pertes associées au départ et seront plus à même de les aider à se créer de nouveaux objectifs de vie.

Figure 2 : Des identités qui se chevauchent

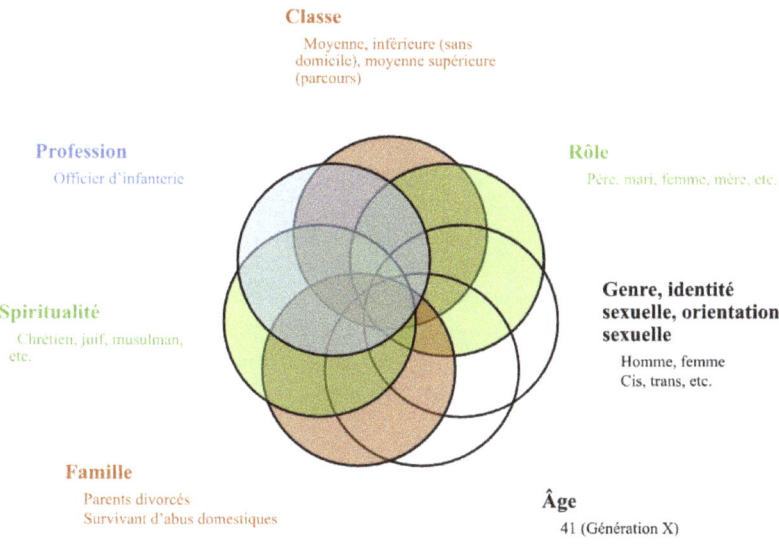

Source : Jordan Camarda, « Military Cultural Competence », présentation à Cannexus 2024

En d'autres termes, plus la période de service du militaire a été longue ou plus ses expériences ont été intenses, plus la période d'adaptation sera susceptible de l'être aussi. Les vétérans doivent apprendre à accepter la vie civile et, au besoin, prendre le temps de faire le deuil des aspects de la vie militaire qui leur manquent et de l'identité qu'elle leur procurait. Les vétérans doivent également s'adapter à une nouvelle réalité, alors que certaines choses étaient auparavant fournies par l'armée, comme l'accès aux logements locatifs militaires, à l'emploi, aux soins de santé et à un revenu. Ils peuvent donc être amenés à se recycler dans un emploi différent, à retourner sur les bancs d'école ou à s'adapter à la culture d'un travail civil.

La perte d'identité est énorme pour certains. Nous devons le savoir et être prêts à les aider à se forger une nouvelle identité culturelle dans le monde civil, une identité qui ait du sens et qui soit motivée par des objectifs de vie.

Quelques statistiques remarquables

De quoi les vétérans ont-ils besoin en plus d'une nouvelle identité ? Les chiffres suivants nous aident à comprendre les domaines dans lesquels ils auront besoin d'aide, ce qui est essentiel à savoir.

- Une étude qualitative réalisée en 2020 par Anciens Combattants Canada[21] auprès de 80 militaires et vétérans des FAC (dont 91 % dans la Force régulière et 9 % dans la Force de réserve) a révélé que si certains avaient réussi leur transition vers de nouvelles carrières, d'autres éprouvaient des difficultés à se faire embaucher, avaient des occasions d'emploi limitées et ne parvenaient pas à appliquer leurs compétences militaires à des rôles civils. Nombre d'entre eux ont également dû faire face à l'impact de la perte du port de l'uniforme et à la perte d'identité qui en a résulté.

- Dans l'Enquête sur la vie après le service militaire (EVASM) de 2019[22], 45 % des vétérans de la Force régulière ont déclaré que l'adaptation à la vie civile avait été assez facile, tandis que 39 % l'ont trouvée difficile. Les officiers ont rapporté le taux de difficulté le plus faible (21 %). Les militaires du rang subalternes (47 %) sont ceux qui ont eu le plus de difficultés d'adaptation, les jugeant très difficiles ou moyennement difficiles.

- Les données du recensement (2021) montrent que 97 625 Canadiens ont servi dans les Forces armées canadiennes (FAC), ainsi que 461 240 vétérans, le premier profil de ce type en 50 ans[23]. Près d'un tiers de ces vétérans se trouvent dans la tranche d'âge principale des 25-54 ans.

- Les conjoints/partenaires des vétérans sont très affectés par leur démobilisation : 32 % d'entre eux éprouvent des difficultés, de même que 23 % de leurs enfants[24].

- Une consultation sur la stratégie nationale d'embauche des vétérans menée en 2022 auprès de 1 016 participants (945 en anglais et 71 en français) a révélé des préoccupations concernant le manque de temps de transition, des frustrations liées à la transposition de l'expérience militaire à des rôles civils et des préjugés liés à l'âge dans la recherche d'un emploi[25].

- Le revenu des femmes avant la démobilisation était de 64 490 $, contre 71 710 $ pour les hommes, et le revenu après la démobilisation a diminué de 19 % pour les femmes et de seulement 0,2 % pour les hommes[26].

- Près de 25 % des vétérans récemment démobilisés ne faisaient pas partie de la population active, beaucoup d'entre eux faisant état d'obstacles tels que la stigmatisation et la difficulté à traduire l'expérience militaire[27].

Soutien, réseaux et rayonnement

Le travail d'équipe est une composante essentielle de la culture militaire. Par conséquent, les militaires en service, les vétérans et leurs familles ont plus de chance de réussir s'ils ont un réseau de soutien – des gens qui parlent le même langage, qui comprennent ce qu'ils ont vécu et peuvent les former, leur servir de mentor, les aider à trouver un emploi, à rencontrer des employeurs et à trouver de l'information concernant les services de soutien à leur disposition. Plus les membres de la famille, les intervenants en développement de carrière, les associations professionnelles, les fournisseurs de service et les vétérans collaborent et partagent leurs connaissances, leurs ressources et leurs pratiques exemplaires, moins les anciens membres du personnel se sentiront négligés.

Éducation et formation

Un client qui s'est enrôlé dans les FAC en ne détenant qu'un secondaire 4 (10e année) et qui a effectué un type de travail militaire sans équivalent direct dans le civil aura probablement besoin d'une certaine formation complémentaire ou d'appoint lorsqu'il quittera le service militaire afin de répondre aux exigences scolaires liées à l'emploi dans un milieu de travail civil. Toutefois, il est également très probable que les militaires exerçant ces professions possèdent des compétences et des expériences souhaitables pour un large éventail de carrières, en particulier s'ils ont occupé des postes supérieurs. Maintenant que les militaires en transition ont le temps de communiquer avec le GT FAC avant leur départ, cela les aidera à se préparer à la vie civile[28].

Ensuite, il y a le problème de délivrance de titres et certificats. De quelle façon les militaires actifs peuvent-ils tirer parti de leurs titres de compétences et de leurs formations militaires dans le monde civil? Est-ce que les institutions accordent des crédits pour l'instruction, les cours ou l'expérience professionnelle militaires? Dans l'affirmative, lesquelles? Quels documents sont exigés? Comment pouvons-nous facilement transmettre ces renseignements aux vétérans? Nous tenterons de répondre à ces questions dans le chapitre 8.

Note complémentaire : en tant qu'institution, les FAC reconnaissent et soutiennent la promotion académique. Les membres des FAC disposent de nombreuses possibilités pour améliorer leurs qualifications et, dans la plupart

Comprendre les besoins des vétérans

des comités de promotion, les résultats académiques donnent droit à des points supplémentaires en vue d'une promotion. De même, ACC soutient et encourage directement les vétérans à parfaire leur éducation par le biais de l'**allocation pour études et formation** (https://www.veterans.gc.ca/fr/etudes-et-emploi/retour-aux-etudes/allocation-pour-etudes-et-formation), qui offre un financement aux vétérans pour qu'ils poursuivent l'éducation qu'ils désirent.

Emplois

Dans l'Enquête sur la vie après le service militaire (EVASM) de 2019, 60 % des vétérans de la Force régulière avaient un emploi, les militaires du rang supérieurs ayant le taux d'emploi le plus bas, soit 50 % (ces militaires étaient probablement plus âgés au moment de la transition et ne possédaient qu'un diplôme d'études secondaires au moment de leur enrôlement), comparativement aux officiers qui avaient un taux de 58 % et aux militaires du rang (subalternes) qui avaient un taux de 66 %[29]. En outre, 52 % des vétérans occupaient des emplois qui mettaient à profit leurs compétences et connaissances militaires, et près de 75 % de ceux qui ont travaillé depuis leur démobilisation ont déclaré que les expériences, l'éducation et l'instruction reçues pendant le service les avaient aidés à obtenir leur emploi civil actuel ou le plus récent[30].

Bien que la situation du marché de l'emploi pour les vétérans des FAC soit en général plutôt positive, des sous-groupes sont confrontés à des défis. La Partie II de ce guide aborde en profondeur le sujet de l'emploi, mais voici quelques besoins professionnels importants :

- Des renseignements pertinents sur la recherche d'un emploi.
- Des ressources et outils à l'intention des vétérans.
- L'atténuation des mythes et des peurs des employeurs à l'égard de l'embauche de vétérans ou de militaires de retour d'une mission et susceptibles d'être rappelés.
- La description de l'expérience militaire dans le vocabulaire du milieu du travail civil.
- Des renseignements sur les équivalences entre les emplois civils et militaires.
- L'élimination des obstacles à l'emploi (manque d'éducation, problèmes financiers, déficiences).

- La création de curriculum vitæ pour le milieu du travail civil; comprendre les informations sur le marché du travail et se préparer à des entrevues d'embauche dans le civil.
- Le fait de comprendre et d'accepter le changement de culture professionnelle, p. ex., passer de la hiérarchie et de la conformité à l'autopromotion.
- La recherche d'employeurs et d'emplois favorables aux militaires.
- La baisse de revenu durant la période de transition.

Lors d'un entretien avec Elaine Piper, une consultante en développement de carrière aujourd'hui à la retraite qui a développé et enseigné un cours pour les intervenants en développement de carrière de la carrière sur le travail avec la clientèle militaire[31], elle a noté les besoins et les défis suivants exprimés par les militaires en transition :

- Le choix de carrière. Certains militaires ou vétérans en transition ne savent pas ce qu'ils veulent et pensent que « n'importe quel travail » fera l'affaire. Ils ont besoin d'aide pour se connaître et pour réfléchir d'une autre manière à ce qu'ils ont à offrir.
- Un manque d'accès et de contacts avec les associations professionnelles du secteur qui peuvent leur fournir le jargon, la reconnaissance, le réseau et la formation dont ils peuvent avoir besoin, et les aider à traduire ce qu'ils ont fait dans la terminologie employée dans le monde du travail civil et en certifications de l'industrie civile.
- Certains estiment qu'ils n'ont plus d'objectifs depuis qu'ils ont quitté l'armée et qu'ils ont besoin d'aide pour se créer de nouveaux objectifs de vie après le service.
- Faire face aux préjugés dans la communauté et avec les employeurs/recruteurs.
- Savoir ce qu'il convient ou non de partager avec les employeurs au sujet de la vie au sein des FAC.
- Un manque de connaissance des outils de médias sociaux.
- Demander de l'aide. Certains ont du mal à demander de l'aide et à dire « j'ai des difficultés ».
- S'adapter à ce qui peut être un état d'esprit différent dans le monde du travail civil.

- ○ Dans l'armée, la mission, le service et l'équipe sont au centre des préoccupations. Dans le contexte civil, il s'agit généralement de la personne, de la famille et de la communauté. Il est difficile pour un militaire de penser d'abord à lui.
- ○ Dans l'armée, on ne part pas tant que la mission n'est pas terminée. Ainsi, lorsqu'un collègue civil quitte son poste à 17 heures en ayant laissé une tâche inachevée, ces deux mentalités peuvent s'opposer.

- Négocier pour son propre avantage et justifier pourquoi on a mérité une augmentation ou une promotion. C'est très différent de ce qui se passe dans l'armée, où l'on est susceptible d'être recommandé pour cette promotion sur la base d'un travail remarquable. Il est essentiel d'enseigner aux vétérans comment suivre et documenter leurs réalisations.

Départ pour cause de maladie ou de blessure

Imaginez l'état d'un soldat qui doit quitter les FAC contre son gré. Il s'est blessé; il sait ce qui s'en vient. Un membre des FAC doit être prêt à exécuter un large éventail de tâches, et non pas seulement les fonctions de son propre métier. Puisqu'il ne répond plus au principe d'universalité du service, il n'est plus apte à porter l'uniforme[32]. Partir est déjà assez difficile – surtout si cette identité était très importante à ses yeux. Maintenant, en plus de cette perte, ce vétéran doit également affronter les pertes liées à ses blessures. Quelles sont les répercussions de cette situation sur son travail et sa vie quotidienne?

Environ 20 % des vétérans canadiens souffrent de dépression, de trouble de stress post-traumatique et de troubles anxieux. Parmi les personnes souffrant d'un problème de santé mentale diagnostiqué, 95 % font état d'un problème de santé physique[33]. Les intervenants en développement de carrière seront beaucoup plus utiles auprès des vétérans malades ou blessés s'ils ont une connaissance, même rudimentaire, de ces problèmes de santé et des ressources offertes à ceux qui en souffrent. Mais surtout, dans le cadre de notre processus de consultation, nous devons nous rappeler de vérifier si notre client est mentalement, physiquement, émotionnellement et spirituellement prêt à chercher un emploi. Parfois, des besoins plus urgents doivent être satisfaits en premier. Et même lorsque le besoin financier d'un emploi est aussi important que ces autres besoins, nous devons veiller à ce que notre client soit stabilisé ou bénéficie d'un soutien avant de se lancer dans sa quête d'emploi.

Réseaux de soutien pour les militaires et vétérans en transition et à risque

Nous avons déjà établi qu'un élément important de la transition des vétérans vers une vie civile est l'accès à des réseaux de pairs. Vous trouverez ci-dessous quelques-uns des services, y compris le Répertoire national des ressources, disponibles pour aider les vétérans à faire face aux blessures et/ou aux maladies contractées au cours de leur service.

Groupe de transition des Forces armées canadiennes

(https://www.canada.ca/fr/ministere-defense-nationale/organisation/rapports-publications/guide-de-transition/presentation-du-groupe-de-transition.html) offre une gamme de soutiens aux militaires malades ou blessés, y compris :

- **Le Centre de transition numérique.** Il s'agit notamment d'un accès virtuel à des services de consultation pour la transition, de l'administration électronique des démobilisations, de l'accès à des initiatives de formation et d'éducation en lien à la transition et de l'accès au Répertoire national des ressources.

- Le **Répertoire national des ressources** regroupe les organisations de soutien aux militaires, aux vétérans et à leurs familles dans tous les domaines du bien-être et dans tous les secteurs de la société canadienne.

- **Programme de retour au travail.** Les militaires malades ou blessés bénéficient d'un soutien professionnel dans tous les domaines du bien-être, alors qu'ils se rétablissent et explorent d'autres possibilités de carrière au sein de l'armée.

- **Programme de réadaptation professionnelle pour les militaires en activité de service** (PRPMAS). Au cours des six derniers mois de leur service, les militaires qui quittent l'armée pour des raisons médicales peuvent tester le travail dans la sphère civile et trouver la voie qui leur convient le mieux.

- **Soldier On. Programme Sans limites.** Ce programme offre des possibilités et des ressources par le biais d'activités récréatives et créatives et est reconnu pour améliorer la qualité de vie des militaires et des vétérans malades ou blessés.

Soutien social aux blessures de stress opérationnel (SSBSO)

https://sbmfc.ca/services-de-soutien/sante-et-bien-etre/sante-mentale/soutien-social-aux-blessures-de-stress-operationnel

Le SSBSO, un partenariat entre les FAC et Anciens Combattants Canada, offre un soutien par les pairs aux membres des FAC, aux vétérans ou aux familles d'anciens membres des FAC qui souffrent des effets d'une blessure de stress opérationnel (BSO). Une BSO se définit comme un trouble psychologique persistant à la suite de fonctions opérationnelles pendant le service militaire. Les BSO incluent, notamment, le trouble de stress post-traumatique (TSPT), l'anxiété, la dépression ou tout autre problème ayant une incidence sur la capacité d'exécuter les tâches quotidiennes. Depuis ses débuts, le programme SSBSO a créé un réseau national de soutien par les pairs qui offre une oreille attentive et un aiguillage, selon les besoins.

Wounded Warriors Canada

https://woundedwarriors.ca/fr/

Wounded Warriors Canada est un service national de santé mentale qui s'engage à aider les personnes, les membres de la famille et les organisations qui vivent avec un traumatisme ou qui y sont exposés. En collaboration avec des organisations de services de santé mentale, ils proposent des programmes culturellement adaptés, utilisant des outils de consultation, d'éducation et de formation pour aider les clients à développer leur résilience et à se remettre d'un traumatisme. Les programmes comprennent la résilience aux traumatismes pour les soldats, la résilience des couples, les camps pour enfants de soldats et les ateliers de survie familiale. Le financement, le soutien, la formation et le jumelage des chiens d'assistance font également partie de leurs activités.

Réseau de transition des vétérans

https://fr.vtncanada.org/

Grâce à des programmes fondés sur la recherche, le Réseau de transition des vétérans aide les membres des FAC et de la GRC ainsi que les vétérans à surmonter les difficultés liées à la transition vers la vie civile et à ses répercussions psychologiques. Les cours sur la transition sont proposés sur deux niveaux. Le niveau 1 est une retraite en personne de cinq jours qui vise à autonomiser les vétérans et à normaliser leur parcours de transition. Les éléments clés de ce cours comprennent les techniques de communication, le développement personnel, l'entretien de soi, la planification de l'avenir et l'engagement social. Le niveau 2 est une retraite de cinq jours en personne, avec une thérapie intensive qui aide les clients à retrouver leur individualité, à reconstruire leur capacité à faire confiance et à restaurer leurs valeurs à l'aide de scénarios concrets.

Veterans Emergency Transition Services (VETS) Canada

https://vetscanada.org

Le programme VETS a été lancé en 2010-2011 lorsque le vétéran Jim Lowther a réalisé qu'un grand nombre de ses camarades vétérans n'avaient pas réussi à intégrer la vie civile. Certains avaient perdu leur famille, étaient suicidaires, sans abri, au chômage ou avaient de la difficulté à composer avec une maladie mentale ou physique. Le programme VETS est maintenant un organisme caritatif et sans but lucratif enregistré au fédéral comptant sur plus de 1 440 bénévoles à travers le pays. Il aide non seulement les vétérans sans abri, mais aussi les personnes qui éprouvent des difficultés de toutes sortes, qu'il s'agisse de payer une facture, de faire l'épicerie ou d'être confrontées à une crise de santé mentale. Le service a aidé plus de 4 500 vétérans à ce jour.

Anciens Combattants Canada

https://www.veterans.gc.ca/en/services

Plusieurs programmes complémentaires de soutien par les pairs et des programmes autonomes sont disponibles pour aider les vétérans et leurs familles. En voici quelques-uns :

- **Soutien – blessures de stress opérationnel (SBSO)** https://www.veterans.gc.ca/en/mental-and-physical-health/mental-health-and-wellness/counselling-services/talk-someone-who-can-relate : Il s'agit d'un réseau national de soutien par les pairs pour les vétérans et les membres actifs de la Gendarmerie royale du Canada (GRC) qui ont des difficultés avec la vie quotidienne en raison de leur service.

- **Coordinateurs du soutien pour les familles par les pairs** https://www.veterans.gc.ca/en/families-and-caregivers/health-programs-and-services/support-families-and-caregivers : Ces coordinateurs offrent un soutien aux familles qui subissent les effets des blessures de stress opérationnels, en les aidant à surmonter les difficultés et en leur offrant une communauté qui les comprend.

- **Programme de soutien par les pairs pour les traumatismes sexuels dans le cadre du service militaire** https://www.canada.ca/en/department-national-defence/services/benefits-military/health-support/sexual-misconduct-response/peer-support-program.html : En partenariat avec le ministère de la Défense nationale, ce programme offre des services de soutien par les pairs pour les personnes ayant subi un traumatisme dans le cadre d'une inconduite sexuelle ou un traumatisme sexuel dans le cadre du service militaire.

- **Institut Atlas pour les vétérans et leur famille** https://atlasveterans.ca/fr/centre-de-connaissances/programmes-de-soutien-par-les-pairs/ : Cet institut fournit une carte et un répertoire interactifs pour trouver des programmes et des services de soutien par les pairs offerts aux vétérans et à leurs familles dans tout le Canada.

- **Gestion de cas** https://www.veterans.gc.ca/fr/sante-mentale-et-physique/gestion-de-cas : Fournit un soutien personnalisé aux vétérans confrontés à des défis complexes. Les gestionnaires de cas travaillent directement avec les vétérans pour déterminer leurs besoins, fixer des objectifs et établir un plan pour les aider à atteindre leur plus haut niveau d'indépendance, de santé et de bien-être.

- **Programme pour l'autonomie des anciens combattants (PAAC)** https://www.veterans.gc.ca/en/about-vac/reports-policies-and-legislation/departmental-reports/privacy-impact-assessment-pia/veterans-independence-program : Fournit des services tels que l'entretien du terrain, l'entretien ménager, la livraison de repas et un soutien professionnel en matière de soins de santé pour aider les vétérans à conserver leur indépendance.

- **Soutien offert aux Vétérans sans abri** https://www.veterans.gc.ca/fr/logement-et-vie-de-famille/situation-de-logement-precaire/comprendre-litinerance-chez-les-veterans/soutien-offert-aux-veterans-sans-abri : Offre des suppléments de loyer, un soutien en santé mentale et une aide financière pour aider les vétérans à trouver un logement stable.

- **Service d'assistance par téléphone 24 heures par jour, 365 jours par année** https://www.veterans.gc.ca/en/mental-and-physical-health/mental-health-and-wellness/counselling-services/talk-mental-health-professional : Le Programme d'aide aux membres des Forces armées canadiennes et le Service d'assistance d'Anciens Combattants Canada offrent un soutien 24 heures par jour, 365 jours par année par le biais d'un numéro sans frais, au **1-800-268-7708** ou au **1-800-567-5803** (ATS). Ce service destiné aux membres des Forces armées canadiennes, aux militaires et aux vétérans de la Gendarmerie royale du Canada garantit un accès immédiat à l'assistance en cas de besoin.

N'oubliez pas que les vétérans n'ont pas tous les mêmes besoins! Et n'oubliez pas de collaborer dans la mesure du possible avec d'autres intervenants en développement de carrière afin de partager et d'acquérir des connaissances.

***

Et voilà un aperçu des besoins et des défis! Le reste du guide mettra l'accent sur ceux qui influencent directement les vétérans des FAC dans leur transition vers un emploi civil, et comprend un rappel sur les théories et les approches à suivre en matière de transition.

PRINCIPAUX ÉLÉMENTS D'APPRENTISSAGE

- ★ Les intervenants en développement de carrière doivent discuter de la préparation à l'emploi et des pertes encourues par les vétérans lorsque ces derniers quittent le service militaire.
- ★ L'accès aux réseaux et aux ressources pour aider à trouver un emploi est essentiel pour les vétérans à la recherche d'un emploi civil.
- ★ Les vétérans peuvent se présenter avec des mentalités différentes que les intervenants en développement de carrière doivent s'efforcer de comprendre.
- ★ Un vaste réseau de services et de ressources est disponible pour soutenir les membres et les vétérans malades ou blessés.
- ★ Les intervenants en développement de carrière peuvent orienter le militaire pour l'aider à se créer de nouveaux objectifs de vie.

CHAPITRE 4

Comprendre la transition

CONTENU DU CHAPITRE

- Groupe de transition des Forces armées canadiennes (GT FAC)
- Domaines du bien-être
- Théories et approches à suivre en matière de transition

Le Groupe de transition des Forces armées canadiennes (GT FAC) est passé d'une culture de démobilisation à une culture de transition. Il définit la transition comme une « période de réintégration dans la vie civile après le service militaire et le processus correspondant de changement qu'un militaire en service ou un vétéran et sa famille entreprennent, une fois le service militaire terminé[34]. » La « réintégration » et le « processus de changement » sont les éléments clés mis en avant. Le GT FAC est également d'avis qu'étant donné que ce qui se passe pendant la transition affecte l'ensemble du réseau de soutien du militaire en transition, ce réseau doit être pris en compte dans le plan de transition. Harmonieux et intégré, il vise à fournir un soutien personnalisé, professionnel et normalisé aux membres des Forces armées et à leurs familles.

Bien que le processus de transition puisse commencer au sein du Groupe de transition des Forces armées canadiennes, Anciens Combattants Canada se mobilise dès le début du processus et tout au long du parcours de transition. Lorsque le militaire est officiellement démobilisé des Forces armées canadiennes, Anciens Combattants Canada continue de le soutenir ainsi que sa famille, tout au long de leur vie après le service. En tant qu'intervenant en développement de carrière civile, il est essentiel pour vous de savoir que les FAC et ACC soutiennent les membres et leurs familles tout au long du processus.

Les services de transition ont beaucoup évolué depuis la première édition de ce guide. Les membres des FAC peuvent désormais établir leurs objectifs de transition en fonction de sept **domaines de bien-être** – des domaines interconnectés de la vie d'un vétéran qui doivent être soutenus pendant et après sa transition hors des forces militaires (Fig. 3)[35]. Les domaines sont les suivants :

1. Objectifs de vie – planifier des activités que l'on trouve bénéfiques et gratifiantes
2. Finances – ce qu'il faut faire pour atteindre la sécurité financière
3. Intégration sociale – comment maintenir des relations mutuellement solidaires et être engagé dans la communauté
4. Aptitudes à la vie quotidienne – ce qui est nécessaire pour s'adapter, gérer et faire face à la vie civile
5. Logement et environnement physique – garantir un logement sûr, adéquat et abordable
6. Environnement culturel et social – le besoin d'être compris, valorisé et apprécié
7. Santé – ce qui est nécessaire pour bien fonctionner sur les plans physique, mental, social et spirituel

Figure 3 : Domaines du bien-être

Le GT FAC offre aux militaires un soutien à la transition tout au long de leur carrière militaire, mais surtout dans les six mois précédant la fin de leur service. Les 30 derniers jours de cette période de six mois sont considérés comme une « période protégée » au cours de laquelle les activités liées au plan de transition du militaire sont prioritaires par rapport à d'autres tâches[36]. Que ce soit en personne dans l'un des 27 centres de transition du Canada ou en ligne par l'entremise du Centre de transition numérique (https://military-transition.canada.ca/fr/), les militaires ont accès à un guide de transition complet, à des consultations en direct sur la transition, à de la formation sur la transition et au Répertoire national de ressources qui regroupe des organisations vérifiées qui offrent du soutien aux militaires, aux vétérans et aux familles.

Le GT FAC entame le processus de transition et le transfère ensuite à Anciens Combattants Canada qui offre du soutien après la démobilisation, en particulier pour les membres démobilisés pour des raisons médicales et qui ont besoin d'aide pour la gestion de leur cas.

Cependant, le GT FAC et ACC ne peuvent pas tout faire. Les services fournis par des professionnels du développement de carrière comme vous et moi font également partie des ressources de transition auxquelles nos vétérans peuvent avoir recours. Et pour bien faire, un examen des théories et des approches en matière de transition pourrait aider ceux d'entre nous qui ont besoin d'un rappel pour être mieux outillés pour servir ceux qui passent de la vie militaire à la vie civile.

La transition : Approches et stratégies

Les clients qui nous consultent afin de recevoir une aide professionnelle ne savent pas toujours ce dont ils ont besoin ni à quoi s'attendre de nous. Nous pouvons les aider en leur présentant de l'information afin d'augmenter leur connaissance de soi, de l'information sur les possibilités de carrières, des conseils pour la prise de décision et une évaluation de leur employabilité.

N'hésitez pas à leur demander pourquoi ils sont venus vous demander conseil. Qu'attendent-ils de vous? Pourquoi maintenant? Qu'est-ce qui les a poussés à prendre un rendez-vous? Des questions comme celles-ci nous permettront de déterminer si nous sommes la bonne « solution » pour combler leurs besoins. Parfois, nous ne le sommes pas.

De nombreux modèles tentent de saisir les éléments liés aux transitions de la vie, auquel cas, la plupart des formulations de transition peuvent être résumées en trois étapes : comprendre la transition, aborder la transition et résoudre la transition[37]. Examinons cinq approches et stratégies qui peuvent s'avérer à la fois efficaces et pertinentes pour aider nos clients vétérans à comprendre, à aborder et à résoudre le processus de leur propre transition de l'armée à la vie civile. (Remarque : Bien que notre but premier soit d'aider nos clients sur le plan du développement professionnel, il arrive parfois que nous ayons besoin de prendre en considération d'autres facteurs personnels afin d'aider le client à poursuivre son plan de carrière. Il est important que les intervenants qui ne détiennent pas une formation professionnelle en intervention thérapeutique abordent cette situation avec le client avec tact et l'orientent, au besoin, vers un professionnel compétent.)

Planification d'une transition – Modèle des 4 S de Schlossberg

Devant le besoin pressant de se trouver en emploi ou d'obtenir un diplôme, le « nouveau » vétéran pourrait ne pas prendre le temps – ou voir la nécessité de prendre le temps – d'accepter son passé avant de se lancer vers l'avenir. Par contre, les *événements* (comme quitter les FAC) et les *non-événements* (l'attente d'un événement qui ne se réalise pas) sont autant de situations qui changent une vie, et les changements font partie de toute transition. Voilà pourquoi

Mary Anderson et Jane Goodman recommandent d'utiliser le modèle des 4 S de Schlossberg auprès des vétérans en transition[38].

Ce modèle, qui met l'accent sur les 4 S – Situation, Soi, Soutien et Stratégies –, aide les intervenants à planifier des interventions en phase avec les forces et les faiblesses du client, de façon à lui permettre de mieux s'adapter, particulièrement lorsqu'il passe d'un système axé sur la hiérarchie et la conformité à un système qui repose sur l'autonomie et l'autopromotion. Le modèle s'adressera également aux militaires et aux vétérans en service, car il reflète certains des éléments fondamentaux qui leur sont enseignés pour planifier et exécuter des missions.

Le modèle propose des questions pour chaque domaine d'intérêt :

- La question relative à la **Situation** – « Que se passe-t-il maintenant? » – donne la chance au militaire en transition de faire le point. Les réponses peuvent grandement varier : « Je quitte les FAC après ___[nombre] ans », « Je suis blessé », « La dynamique de ma famille a changé », « Je ne suis pas certain du type d'emploi que je peux obtenir ».

- La question relative à **Soi** – « Quelle perception ai-je de moi-même pendant cette transition? » – peut également être formulée de cette façon : « Est-ce que je me débrouille bien? ». Cette question permet au client de prendre conscience de ses sentiments. A-t-il peur? Ressent-il de l'excitation? De l'anxiété? Nos ressources personnelles et psychologiques – valeurs, spiritualité, résilience et perspective de vie – entrent en ligne de compte chaque fois que nous sommes confrontés à des changements.

- Le **Soutien** est un élément très important lors des transitions ayant des répercussions sur nos vies. Cet aspect est particulièrement pertinent pour les militaires en transition. Ils ont besoin du soutien de leur famille et de leurs amis, de réseaux, d'employeurs, d'intervenants en développement de carrière et de pairs. Ils ont besoin d'un espace ou d'un endroit où ils peuvent s'exprimer honnêtement et recevoir des commentaires positifs et constructifs ainsi que de l'aide. Questions fondamentales : « Quel soutien est-ce que je reçois? » et « De quel genre de soutien ai-je besoin? ».

- **Stratégies** : « De quelle façon est-ce que je m'adapte généralement aux changements? » « Quels sont les mécanismes que j'utilise pour mieux parer aux imprévus? » Les stratégies d'adaptation nous aident à minimiser les répercussions ou la signification d'un problème, à modifier la situation et à gérer le stress. Les personnes s'adaptent plus facilement lorsqu'elles font preuve de souplesse et qu'elles ont plus d'une stratégie à leur disposition.

Pour celles qui préfèrent une méthode plus simple, le modèle de Schlossberg peut être reformulé par ces quatre questions destinées à faire réfléchir votre client :

- Que se passe-t-il maintenant? (Situation)
- Comment est-ce que je m'en sors? (Soi)
- De quoi ai-je besoin? (Soutien)
- Est-ce que je m'adapte bien? (Stratégies)

Traitement de l'information cognitive

Le traitement de l'information cognitive est un ensemble de points de vue théoriques qui traitent de la séquence et de l'exécution d'événements cognitifs. Il s'intéresse à ce qui se passe entre le moment où vous recevez l'information et le moment où vous l'exécutez. Comme l'illustre la figure 4, la théorie du traitement de l'information cognitive estime que toute résolution de problème et toute prise de décision sur le plan professionnel peuvent être représentées par une pyramide de connaissances (connaissances de soi et connaissances professionnelles), des aptitudes décisionnelles et des métacognitions.

Figure 4 : Théorie du traitement de l'information cognitive

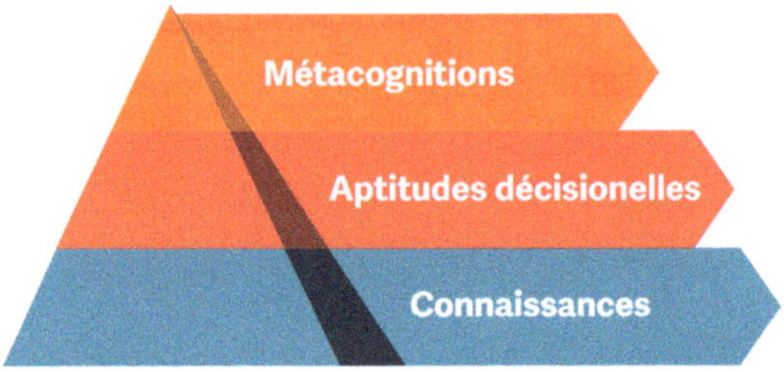

Niveau 1 : Domaine des connaissances (connaissance de soi et de ses possibilités)

Connaissance de soi : À la base de la pyramide se trouve l'étape qui comprend l'information au sujet des intérêts professionnels, des compétences, des valeurs, des aptitudes et des traits de personnalité du client. Il est possible d'obtenir ces connaissances grâce au tri de cartes, aux inventaires, aux fiches de travail ou à d'autres ressources en ligne comme l'outil Self-Directed Search® (SDS).

Connaissances professionnelles : Parallèlement aux connaissances de soi vient l'information professionnelle : l'étude des employeurs, le réseautage en personne ou en ligne, les sites d'emploi, les traducteurs de compétences militaires en équivalents civils, les entrevues d'information, les salons de l'emploi et des carrières.

Niveau 2 : Domaine des aptitudes décisionnelles (savoir comment prendre des décisions)

Le modèle décisionnel à 5 phases CASVE (communication, analyse, synthèse, valeur et exécution) permettra au client vétéran de déterminer la meilleure étape initiale ainsi que les autres étapes menant aux objectifs à long terme. En termes non spécialisés, CASVE peut être reformulé en posant les questions suivantes :

- Communication – Quelles sont les lacunes? Quel problème requiert mon attention?
- Analyse – Quelles sont les composantes du problème?
- Synthèse – Quelles possibilités s'offrent à moi?
- Évaluation – Quelles possibilités ont la priorité?
- Exécution – Que dois-je faire pour arriver aux résultats voulus?

Les auteurs du modèle CASVE suggèrent la séquence suivante lors de vos interventions professionnelles[39] :

- Étape 1 – Mener une entrevue initiale avec le client.
- Étape 2 – Effectuer une évaluation préliminaire pour déterminer l'employabilité du client.
- Étape 3 – Travailler avec le client afin de définir ses difficultés professionnelles et d'en analyser les causes.
- Étape 4 – Collaborer avec le client afin d'établir des objectifs réalistes en matière de résolution de problème et de prise de décision.
- Étape 5 – Présenter au client une liste d'activités et de ressources pertinentes (plan d'apprentissage individuel).

- Étape 6 – Exiger du client qu'il mette en œuvre son plan d'apprentissage individuel.

- Étape 7 – Effectuer une revue sommaire de la progression du client et généraliser les nouveaux apprentissages à d'autres problèmes professionnels.

Niveau 3 : Domaine des métacognitions (réfléchir à sa prise de décision)

À ce stade, les clients analysent par un traitement général les décisions prises. Ils se demandent : « Qu'est-ce que je pense de cette décision? ». En sondant le client pour connaître les éventuelles pensées négatives susceptibles d'avoir des répercussions sur le processus de recherche d'emploi, les intervenants en développement de carrière peuvent demander au client d'expliquer ses pensées négatives et en discuter avec lui en vue de modifier les messages négatifs envers lui-même. Parmi les pensées négatives possibles : « Je ne suis pas assez bon », « Personne ne m'embauchera en raison de mon handicap », etc.

Les auteurs du traitement de l'information cognitive ont également mis au point l'inventaire des pensées professionnelles, qui permet d'évaluer les « pensées dysfonctionnelles » du processus de choix de carrière, comme l'anxiété causée par l'engagement professionnel, la confusion ou les conflits externes. Un cahier de travail accompagne l'inventaire des pensées professionnelles pour mieux aider les clients à reformuler les pensées négatives qu'ils ont découvertes. L'élaboration de plans d'apprentissage individuels apporte également aux clients des stratégies et des outils concrets pour progresser dans la bonne direction.

Mary Buzzetta et al. sont d'avis que le traitement de l'information cognitive peut également aider les militaires en transition confrontés à des obstacles à l'emploi ou à la carrière, qu'ils soient réels ou imaginaires[40]. Par exemple, passer d'un environnement de travail hautement structuré et axé sur le travail d'équipe à un milieu de travail civil moins structuré et axé sur l'individualité peut être interprété comme un obstacle, puisqu'il génère des réflexions négatives comme « Je ne réussirai jamais à fonctionner dans un environnement où les règles changent continuellement ». Il y a également la perte d'identité – perte de rôle et de statut – subie par le militaire démobilisé.

En explorant les idées de carrière du client et en utilisant le modèle CASVE, l'intervenant en développement de carrière peut l'aider à déterminer les zones potentielles de défi et l'aiguiller vers la ressource appropriée au besoin. Le Répertoire national des ressources est également recommandé.

Encadrement axé sur la recherche de solutions[41]

« Si vos problèmes actuels étaient réglés, à quoi ressemblerait votre vie? » Les accompagnateurs qui utilisent l'approche de la thérapie centrée sur la recherche de solutions posent ce type de questions[42]. L'encadrement axé sur la recherche de solutions, qui ne se limite plus au domaine de la psychothérapie, repose sur deux principes fondamentaux : (1) l'encadrement individuel et personnalisé est la meilleure solution et (2) chaque personne possède la capacité de résoudre ses propres problèmes. C'est une méthode brève qui repose sur le respect et la collaboration. (J'ai inclus cette méthode plus à titre d'information que pour la pratique – sauf si l'on est certifié en encadrement axé sur la recherche de solutions ou en thérapie). Voici les étapes à suivre avec votre client :

1. Reconnaissez le problème. Pourquoi est-ce un problème? De quelle façon cela vous touche-t-il?

2. Définissez le changement recherché. À quoi ressemblerait l'avenir si ce problème n'existait pas?

3. Dressez une liste de ce qui vous aiderait à atteindre les résultats désirés.

4. Mettez davantage l'accent sur les actions qui donnent des résultats que sur les actions non productives.

Le vétéran qui ne réussit pas à trouver du travail et baigne dans la négativité et le désespoir, le client ayant peu de patience pour les longues stratégies d'orientation axées sur les processus, ou la personne qui a des difficultés à exprimer comment sa carrière militaire l'a muni de compétences recherchées par les employeurs – peuvent tous tirer avantage d'une approche d'encadrement axé sur la recherche de solutions. Orientez votre client vers le prestataire de services approprié si vous n'êtes pas compétent dans ce domaine.

Encadrement ou orientation axés sur les forces

Souvent, les clients sollicitent les services d'un intervenant en développement de carrière afin d'obtenir un emploi en particulier sans vérifier si cet emploi leur convient. Aider le client à évaluer ses forces et à les décrire à un employeur potentiel peut avoir un effet libérateur. Les forces peuvent se présenter sous forme de qualités personnelles, de compétences, d'aptitudes ou d'habiletés. Demandez :

- À quel moment vous sentez-vous le mieux?
- Décrivez un des meilleurs moments de votre vie.

- Qu'est-ce qui vous donne de l'énergie et vous aide à vous sentir bien dans votre peau?
- Décrivez-moi trois choses importantes dans votre vie.

Les questions ci-dessus ont pour but de faire ressortir les capacités inhérentes et énergisantes d'une personne. *Énergisant* est le mot clé de cette approche. Inspiré d'éléments de la psychologie positive, l'encadrement axé sur les forces met l'accent non pas sur ce que le client ne fait pas bien, mais plutôt sur ce qu'il fait bien afin qu'il le fasse encore mieux[43].

Observez ce qui se passe lorsque vous demandez à un client de parler de l'un de ses meilleurs moments, ou de sa participation à une activité qui fait appel à ses plus grandes compétences. Son visage s'illumine. Ses yeux brillent. Il s'exprime aisément et avec confiance. Il semble emballé.

Maintenant, observez la différence lorsque vous demandez à la même personne de parler de ses faiblesses. Sa posture s'affaisse. Le niveau d'énergie chute. Elle semble se renfermer.

L'encadrement ou l'orientation axés sur les forces, tout comme l'approche axée sur la recherche de solutions, peut être un excellent modèle à utiliser avec les vétérans en recherche d'emploi.

Legacy Careers® Approach[44]

La retraite du service militaire peut se produire à un âge normal pour une retraite ou à un âge relativement jeune. Qu'il soit jeune ou vieux, le vétéran ayant accumulé des compétences, des expériences, des liens professionnels et des connaissances, et qui désire mettre l'accent sur la gestion de défis et de possibilités importants à ses yeux profitera de l'approche Legacy Careers®. Cette méthode mise sur la séquence suivante :

- Faire le point;
- Trouver un sens;
- Créer un plan;
- Léguer un héritage.

Cette approche ne repose pas sur le fait de traduire les expériences militaires afin de convenir à un poste civil. Elle se soucie plutôt de fournir des outils et des stratégies pour aider le vétéran à se créer une identité civile significative et tournée vers l'avenir. L'approche Legacy Careers® reconnaît qu'il existe un vaste éventail de possibilités, allant de la poursuite du même type de travail à ne trouver aucun nouvel emploi rémunéré. Elle incite le vétéran à se poser la question suivante : « Qu'est-ce que je veux faire au cours de la prochaine phase de ma vie? ».

Plutôt que de commencer par le domaine des connaissances du niveau 1 de la méthode du traitement de l'information cognitive (connaissance de soi et connaissances professionnelles), l'intervenant en développement de carrière peut aider le client à se concentrer sur les critères essentiels à combler afin qu'il se sente à l'aise et satisfait dans sa nouvelle carrière. Les questions suivantes de réflexion sur soi peuvent aider le vétéran dans ce processus :

- Quels sont mes besoins et mes exigences?
- Qu'est-ce qui compte pour moi?
- Quels sont mes talents innés (par opposition aux compétences acquises)?
- Quelles répercussions devrait avoir mon travail? Quels sont les problèmes que je veux contribuer à résoudre?

L'approche Legacy Careers® ne présume pas que les gens poursuivront un cheminement de carrière linéaire, qu'ils demeureront au sein de la même industrie, ou qu'ils maintiendront le même niveau ou grade qu'au cours de leur carrière précédente. Au contraire, elle leur permet de se distancer des titres, des rôles et des fonctions particuliers afin de déterminer la signification que leur travail devrait avoir et les étapes qu'ils devront suivre pour atteindre l'objectif qu'ils se sont fixé. Souvent, le processus exige un perfectionnement professionnel, des stages, des emplois temporaires ou un plan en plusieurs étapes.

L'approche Legacy Careers® définit ce que les clients doivent accomplir dans un horizon de 6 mois, de 1 à 2 ans et de 5 à 10 ans afin de continuer à progresser et à évoluer vers l'apogée de leur carrière. En adoptant une perspective d'ensemble allant de 10 à 20 ans, les intervenants peuvent aider les clients militaires en transition à créer un plan qui :

- répond à leurs besoins à court et à long terme;
- met l'accent sur leurs talents innés (par opposition aux compétences acquises);
- comprend un travail qui compte à leurs yeux;

- a des répercussions reconnues au sein du marché du travail d'aujourd'hui.

Les militaires et les vétérans qui envisagent une réorientation de carrière peuvent utiliser l'outil Careers SweetSpot (https://community.challengefactory.ca/find-your-career-sweetspot/) pour déterminer les critères auxquels ils souhaiteraient que leur nouvelle carrière réponde, puis pour évaluer des rôles potentiels réels en fonction de ces critères.

***

Les approches décrites ci-dessus sont loin d'être les seules possibles. Il se peut que vous préfériez utiliser vos propres techniques éprouvées et fiables lorsque vous travaillez avec des clients qui traversent des transitions de vie. Puisque nous, intervenants en développement de carrière, ne sommes pas des psychothérapeutes, il est important de connaître nos limites, tout en étant capable de reconnaître que les « cognitions dysfonctionnelles » de nos clients dépassent le cadre de notre expertise. Le Répertoire national des ressources de l'EPTM (https://military-transition.canada.ca/fr/repertoire-national-des-ressources) est un outil important conçu pour nous aider, ainsi que nos clients, à déterminer et à obtenir une gamme complète de soutiens qui répondent à leurs besoins en matière de santé mentale.

PRINCIPAUX ÉLÉMENTS D'APPRENTISSAGE

★ Pour gérer une transition, il faut la comprendre, l'aborder et la résoudre.

★ Différentes approches peuvent être personnalisées ou combinées pour répondre aux besoins de nos clients.

★ Il est possible de créer un nouveau sentiment d'utilité en utilisant diverses approches en matière de transition.

LES COUPS DE CŒUR D'YVONNE :

- *The Canadian Guide to Hiring Veterans* peut aider à trouver des employeurs qui sont favorables à l'embauche de vétérans.

- Le diagramme des domaines du bien-être (https://www.canada.ca/fr/ministere-defense-nationale/services/avantages-militaires/transition/eptm.html) qui détermine l'ensemble des domaines de la vie touchés par les transitions.

« La famille a été un soutien incroyable qui m'a permis d'accomplir tout ce que j'ai fait. » (traduction libre)

— **Commandant adjoint (Force aérienne) (retraité)**

CHAPITRE 5

Devenir compétent en matière de culture militaire

CONTENU DU CHAPITRE
- Une feuille de route pour la compétence en matière de culture militaire
- Stratégies et défis

Lorsqu'un militaire ou un vétéran s'adresse à nous, il est extrêmement important que nous comprenions non seulement la valeur qu'il apporte au milieu de travail, mais aussi que nous soyons dotés des compétences nécessaires pour mieux servir cette catégorie de clients. Ils ont en effet besoin de savoir que nous les comprenons. Il est essentiel d'honorer l'identité culturelle militaire des militaires actifs, des vétérans et de leurs familles pour établir une solide base de confiance.

Selon Hazel Atuel et Carl Castro[45], l'armée en tant qu'organisation est différente des autres groupes. Elle a ses propres normes, ses propres valeurs et ses propres attentes sociales et culturelles. Par conséquent, plus nous comprenons cette culture et plus nous sommes conscients de nos attitudes, de nos cognitions et de nos préjugés à l'égard des militaires, plus nous serons efficaces en tant que prestataires de services.

Nos croyances sont chargées de valeurs. Les croyances positives favoriseront probablement un rapport thérapeutique positif, et les croyances négatives feront le contraire. Quelle que soit notre position sur la guerre, notre responsabilité première est de bien servir nos clients. Cela signifie notamment qu'il faut admettre que nous pouvons avoir des préjugés et, après les avoir déterminés, nous devons être prêts à les mettre de côté ou à aiguiller nos clients vers d'autres professionnels dans le cas contraire.

Il convient donc d'obtenir quelques informations de base avant de se pencher sur ce qui constitue une consultation compétente sur le plan de la culture militaire.

Le major (à la retraite) Jordan Camarda est actuellement responsable national de l'équipe Engagement et partenariats avec la transition militaire. L'une de ses principales responsabilités consiste à former les prestataires de services sur les compétences nécessaires pour créer un lien efficace avec les militaires et les vétérans en transition et les soutenir au mieux. J'ai assisté à une présentation qu'il a donnée à Cannexus 2024 (la conférence annuelle du CERIC sur le développement de carrière) et j'ai carte blanche pour partager son contenu avec vous.

Sur les 97 625 militaires qui servent actuellement dans les Forces armées canadiennes, 20 % sont des femmes, 3,5 % des autochtones et 11,8 % des membres de minorités visibles[46]. Ces militaires servent dans tout le Canada, dans des zones urbaines, rurales et isolées, au sein de l'Armée de terre, de la Marine, de la Force aérienne et des Forces d'opérations spéciales. Nous savons également, d'après les données du Recensement de la population de 2021, que les vétérans de la tranche d'âge 25-64 ans représentent une main-d'œuvre potentielle de 259 605 personnes, dont un grand nombre pourrait bénéficier des services de consultation et d'encadrement en matière de carrière et d'emploi que nous proposons[47].

De nombreux vétérans souffrent d'une perte d'identité une fois qu'ils ont quitté le service. La cohésion de l'équipe, la mission et l'objectif communs, le fait de savoir où l'on se situe dans la chaîne de commandement sont autant de pertes qui peuvent contribuer à une perte d'identité. Cette perte n'est toutefois pas propre aux vétérans. Je me souviens d'un incident survenu lors d'un voyage aux États-Unis, alors que je venais de quitter un poste que j'avais occupé pendant de nombreuses années. L'agent frontalier m'a demandé quelle était ma profession. Cela m'a troublée. Je n'étais plus ce que j'étais, et je n'étais pas encore ce que j'allais devenir. Dans ces limbes se trouve un bourbier d'incertitudes que l'assistance d'un intervenant en développement de carrière compréhensif et avisé peut aider à traverser.

Cinq étapes vers la compétence en matière de culture militaire

Jordan Camarda propose une feuille de route en cinq étapes pour la compétence en matière de culture militaire (Fig. 5).

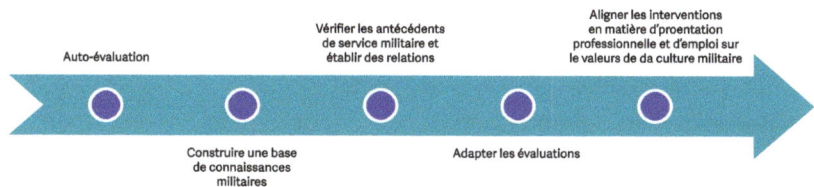

Figure 5 : Feuille de route pour la compétence en matière de culture militaire

Source : Jordan Camarda, « Military Cultural Competence », présentation à Cannexus 2024

Étape 1 – Auto-évaluation

En tant que conseillers, nous devons adopter un esprit « d'humilité et de curiosité culturelles[48] ». Nous devons inviter le client à nous parler de sa vie en service (dans la mesure où il est capable de le faire) sans parti pris, sans jugement et sans préjugé de notre part. Une attitude du type « Je suis vraiment curieux et intéressé de vous comprendre. Pouvez-vous m'en dire plus? », place le client dans la position de l'enseignant. C'est parfait ainsi! Cette étape consiste également à évaluer si nos croyances et nos attitudes montrent que nous valorisons ou dévalorisons le client militaire ou vétéran. Le Centre for Deployment Psychology propose un exercice utile de prise de conscience de soi que nous pouvons réaliser pour déterminer nos opinions et préjugés[49], ainsi qu'une liste de vérification pour nous aider à développer des compétences en matière de culture militaire[50]. L'exercice nous invite à réfléchir à nos convictions sur les personnes qui sont à l'aise avec les armes à feu, à nos opinions sur les personnes qui ont pris des vies, à nos opinions sur le service militaire et sur les types de personnes qui s'engagent dans l'armée, ainsi qu'à toute une série d'affirmations auxquelles nous ne pensons pas régulièrement.

Étape 2 – Construire une base de connaissances militaires

En plus de nous laisser éduquer par notre client, nous devons également prendre l'initiative de faire des recherches par nous-mêmes. Que dois-je savoir sur la vie de ce client pour l'aider le plus efficacement possible ? Le fait que vous lisiez ce guide et que vous soyez arrivé jusqu'ici témoigne de cette curiosité qui dynamise notre travail. (Au chapitre 12, je présente quelques autres liens de développement des connaissances). Et lorsque le client vétéran commence à travailler avec nous, cela signifie que nous avons la courtoisie de reconnaître son titre et son grade. Cela peut donc être une façon d'honorer son identité liée à la culture militaire.

Étape 3 – Vérifier les antécédents de service militaire et établir des relations

Jordan Camarda recommande d'inclure dans nos processus d'admission – qu'il s'agisse de formulaires ou d'entretiens – une question sur le service au sein des FAC. Si notre client coche cette case, nous pouvons alors lui demander quelques précisions : dans quelle Force il a servi (Armée de terre, Marine, Force aérienne, Forces spéciales), son grade, ses années de service et s'il a été déployé ou non. (Ne lui demandez pas de fournir les détails du déploiement sur le formulaire. Il s'agit davantage de questions à poser à l'oral et vous devez vous assurer si le client souhaite ou non en parler.) La question « Quelle était votre groupe professionnel dans l'armée ? » est une question clé qui permet d'établir une relation. La confiance naît lorsque vous montrez un intérêt sincère pour ce qu'il a accompli. Une question telle que « Quels ont été les moments les plus satisfaisants pour vous en tant qu'officier d'infanterie ? » peut encourager la confiance et est une manière d'honorer à nouveau son identité militaire. En posant ces questions, nous serons mieux outillés pour avoir des « interactions culturellement informées », déclare Jordan Camarda.

Étape 4 – Adapter les évaluations

Nous pouvons adapter nos évaluations pour prendre en compte les premières informations essentielles concernant nos clients, comme les raisons pour lesquelles ils quittent l'armée et leur état de préparation au changement. (Remarque : Le modèle du continuum de la santé mentale est un outil remarquable que les FAC utilisent dans leur programme d'instruction et d'éducation En route vers la préparation mentale[51]. Si votre client présente l'un des comportements des zones de danger [orange et rouge], il peut être nécessaire de l'orienter vers des prestataires de services de santé mentale.)

Les raisons de quitter le service militaire peuvent être classées dans l'une des quatre catégories suivantes : fin du service, raisons médicales, départ volontaire ou inaptitude. Si notre client vétéran est coincé dans la vie qu'il a laissée derrière lui, s'il est pris entre des désirs contradictoires comme vouloir reprendre du service ou rester avec sa famille, ou s'il ressent des émotions contraires, comme le fait d'être fâché d'avoir été démobilisé ou d'essayer de trouver sa place dans le monde civil, nous pouvons en tenir compte dans nos stratégies. Poser les bonnes questions nous aidera également à comprendre les éventuels points de résistance. La préparation est la clé – pour le vétéran comme pour nous.

Atuel et Castro déterminent trois paradoxes affectifs, comportementaux et cognitifs courants que peuvent présenter les clients militaires ou les vétérans en transition[52] :

- **Paradoxe du courage** : Ayant appris à être forts et courageux face à la bataille, les clients considèrent souvent que demander de l'aide est une faiblesse, surtout s'ils sont en difficulté ou s'ils se sentent émotifs.
- **Choix paradoxal** : Le client vétéran est pris entre deux familles d'égale importance – sa famille militaire et sa famille civile. Il désire souvent être avec les deux en même temps.
- **Paradoxe de la modestie** : Dans ce cas, le client estime qu'il doit recevoir de la reconnaissance pour les sacrifices et le service qu'il a accomplis **et** il se heurte au fait que de nombreux civils ne se soucient pas des vétérans ou ne sont même pas disposés à les aider.

Cela vaut la peine d'être répété : le fait de jauger le client militaire et d'utiliser des outils d'évaluation qui parlent son langage permet d'établir un rapport, de le mettre en confiance et dans sa zone de confort.

Étape 5 – Aligner les interventions en matière d'orientation professionnelle et d'emploi sur les valeurs de la culture militaire

C'est à cette étape que nous veillons à ce que notre approche en matière de carrière et d'emploi tienne compte du grade et du niveau d'ancienneté du militaire qui fait appel à nos services. Les tableaux 2 et 3* nous aident à comprendre l'étendue des responsabilités des officiers et des militaires du rang, ainsi que les équivalents civils approximatifs. En examinant les tableaux, n'oubliez pas que si le grade donne une idée générale de la position d'une personne dans les FAC, Jordan Camarda note que c'est la combinaison du grade, de la profession, de l'unité, de la position et des expériences qui donne l'image la plus précise

Devenir compétent en matière de culture militaire

de ce qu'un client a fait dans l'armée. Par exemple, certains commandants de bord peuvent avoir plus d'expérience stratégique que certains colonels.

Tableau 2 : Grades des officiers (cmdt) et leurs équivalents civils

Grade militaire	Équivalent civil	Niveau et étendue des responsabilités
• Général • Amiral	• Cadre supérieur • Chef de la direction • PDG • Conseiller principal	• Élabore des politiques et des processus institutionnels • Possède une expertise étendue et de haut niveau en matière de leadership • Supervise des portefeuilles organisationnels extrêmement vastes de plus de 10 000 personnes
• Commandant • Capitaine de frégate Colonel • Capitaine de vaisseau	• Direction • Directeur général	• Gère la planification stratégique et l'élaboration des politiques • Possède une vaste expérience en matière de leadership • Supervise la gestion des ressources à grande échelle pour plus de 5 000 personnes
• Lieutenant-colonel • Capitaine de frégate Major • Capitaine de corvette	• Cadre intermédiaire/supérieur • Directeur d'agence	• Assure un encadrement de haut niveau, élabore des politiques, gère les ressources • Assure une direction et une gestion plus concrètes des projets • Responsable de 100 à 1 500 personnes

Grade militaire	Équivalent civil	Niveau et étendue des responsabilités
• Capitaine de vaisseau • Lieutenant de vaisseau • Lieutenant Enseigne de vaisseau de 1re classe	• Cadre moyen/ Directeur adjoint • Chef d'équipe	• Formateur ou instructeur expert • Assure le perfectionnement du leadership et la gestion des ressources pour 10 à 50 personnes
• Sous-lieutenant • Enseigne de vaisseau de 2e classe • Élève-officier	• Collaborateur individuel/ membre de l'équipe	• Apprend et se perfectionne dans son domaine professionnel et acquiert des qualifications ou une formation

Fourni par Dwayne L. Cormier et Jordan Camarda, GT FAC. (Des informations actualisées sur les grades peuvent être obtenues à l'adresse suivante https://www.canada.ca/fr/services/defense/fac/systeme-identite-militaire/insignes-grade-fonction.html.)

Tableau 3 : Grades des militaires du rang (MR) et leurs équivalents civils

Grade militaire	Équivalent civil	Niveau et étendue des responsabilités
• Adjudant-chef • Premier maître de 1re classe • Adjudant-maître • Premier maître de 2e classe	• Cadre moyen ou supérieur • Superviseur, conseiller ou formateur principal	• Hautement qualifié et doté d'une vaste expérience en matière de leadership • Responsable de plus de 100 personnes
• Adjudant • Maître de 1re classe • Sergent • Maître de 2e classe	• Contremaître, cadre/ superviseur moyen ou débutant • Formateur/instructeur	• Leader technique expérimenté dans la gestion des ressources • Responsable de 30 à 100 personnes
• Caporal-chef • Matelot-chef	• Chef d'une petite équipe ayant une expertise dans un groupe professionnel ou un métier particulier	• Assure la formation ou l'instruction des cadres débutants • Possède des compétences de base en matière de gestion • Responsable de 5 à 30 personnes

Devenir compétent en matière de culture militaire

Grade militaire	Équivalent civil	Niveau et étendue des responsabilités
• Caporal • Matelot de 1re classe	• Travailleur expert dans un groupe professionnel ou un secteur d'activité particulier • Membre de l'équipe	• Possède des compétences en matière de leadership, de formation et d'enseignement • Développe ses compétences et travaille à l'obtention d'une certification professionnelle
• Soldat (formé) • Matelot de 3e classe • Aviateur (formé)	• Collaborateur individuel et membre de l'équipe	• Est en formation et en perfectionnement • Acquiert des certifications et des diplômes

Fourni par Dwayne L. Cormier et Jordan Camarda, GT FAC. (Des informations actualisées sur les grades peuvent être obtenues à l'adresse suivante https://www.canada.ca/fr/services/defense/fac/systeme-identite-militaire/insignes-grade-fonction.html.)

Pour devenir et rester compétents sur le plan culturel à l'égard de notre clientèle de vétérans, nous devons nous engager à nous informer en permanence sur les programmes et les services, les méthodes et les pratiques, la recherche et les informations disponibles. Cela signifie que nous :

- Aidons nos clients à se donner un nouvel objectif de vie ou un nouveau sentiment d'utilité lors de leur transition vers la vie civile. Quelles sont les valeurs auxquelles ils veulent s'accrocher ou auxquelles ils veulent donner la priorité à ce moment de leur vie? Cela les aidera à établir une base solide sur laquelle ils pourront construire leurs objectifs de carrière et d'emploi.

- Mettez-les en contact avec des réseaux de soutien. Les vétérans qui ont déjà effectué une transition ou ceux qui sont encore à la recherche d'un emploi peuvent être une valeur sûre de partage d'informations et de mentorat.

- Proposez des services de consultation virtuels ou des horaires flexibles. Qu'ils soient affectés au Canada ou à l'étranger, le fait de pouvoir accéder à nos services virtuellement ou en dehors des heures de travail montre à nos clients vétérans notre volonté de les satisfaire. Et pour ceux qui considèrent que demander de l'aide est un signe de faiblesse, le fait de pouvoir accéder à des ressources conviviales en ligne peut les aider à se sentir plus confiants.

Elaine Piper (une consultante en développement de carrière aujourd'hui à la retraite, présentée au chapitre 3) propose quelques suggestions pratiques qui, si elles sont mises en œuvre, peuvent aider le vétéran à atténuer les difficultés potentielles liées à la transition.

- En améliorant leurs connaissances et leurs compétences en matière d'utilisation des médias sociaux et en créant un profil LinkedIn bien pensé, les membres en transition peuvent commencer à faire du réseautage et à nouer des relations bien avant de quitter le service. Cela leur permettra d'être opérationnels dès le début de la transition. C'est particulièrement vrai pour les militaires affectés à l'étranger qui souhaitent se relocaliser.
- Ils doivent être à l'aise avec les réunions vidéo et les plateformes virtuelles telles que Microsoft Teams ou Zoom, car elles peuvent être utilisées pour des entrevues ou des consultations en ligne.
- Connaître leurs compétences et ce qu'ils ont à offrir. Garder une trace de leurs réalisations.
- La rédaction d'un CV ou l'élaboration de réponses à une entrevue à l'aide de l'intelligence artificielle (IA) peut être un point de départ, mais un tel outil doit être utilisé avec prudence. L'IA ne sait pas tout. De plus, il faut savoir qu'une fois que des informations sont partagées sur une plateforme gratuite, elles sont diffusées; ainsi, il faut éviter de partager des renseignements personnels.
- Créer un nouvel objectif de vie. Qu'est-ce qui les rendra heureux?

Elaine Piper recommande les ressources suivantes :

- **L'OESC** (https://caface-rfacace.forces.gc.ca/mnet-oesc/fr/) est un outil d'équivalence des emplois militaires en emplois civils lié à la Classification Nationale des Professions (CNP) qui permet aux militaires d'entrer leur Code d'identification de la structure des groupes professionnels militaires (ID SGPM) et de générer un équivalent civil. Le site comprend également une liste de ressources relatives à l'emploi civil et aux employeurs, y compris des outils de rédaction de curriculum vitæ.

- **Mon Traducteur d'Éducation et de Compétence (Mon TEC)** (https://caface-rfacace.forces.gc.ca/fr/index) fournit une liste d'institutions qui accordent des crédits pour l'instruction et l'expérience militaires.
- **Les compétences d'employabilité du Conference Board of Canada** (https://www.conferenceboard.ca/future-skills-centre/tools/finding-your-employability-skills/) décrivent les compétences nécessaires pour réussir dans le monde du travail et comprennent les compétences sociales, émotionnelles, d'autogestion et de travail en équipe. Elaine Piper suggère que les clients vétérans réfléchissent aux compétences dans lesquelles ils sont les plus forts.
- **Le guichet-emplois du gouvernement du Canada** comporte une section pour les vétérans (https://www.guichetemplois.gc.ca/veterans). Vous y trouverez des informations sur les équivalents civils, des outils de recherche d'emploi et des ressources pertinentes.

Lorsque nous aidons nos clients à clarifier leurs objectifs de carrière ou à trouver un emploi, il convient de rappeler que la transition est un processus qui peut inclure tous les éléments du cycle émotionnel de la perte d'emploi[53]. Ainsi, il est important que nous aidions les vétérans à comprendre que la recherche d'un emploi sera parfois frustrante, et qu'ils doivent donc se préparer à ce que le chemin à parcourir comporte des bons et des mauvais jours, des progrès et des phases de stagnation, avant d'atteindre l'objectif final désiré.

Elaine Piper constate, d'après son expérience auprès des vétérans, que la réflexion, pour ceux qui souhaitent s'y engager, peut être un outil puissant dans le parcours de transition. L'examen de ses pensées et de ses sentiments permet d'évaluer d'où l'on vient, ce que l'on a appris et ce que l'on peut intégrer dans ses objectifs futurs. L'objectif étant et ayant été une composante essentielle de l'éthos du militaire, tout outil susceptible de l'aider à créer un nouveau sentiment d'utilité sera vraisemblablement utile. Il est d'ailleurs recommandé au militaire d'utiliser des outils tels qu'un journal, des enregistrements, un tableau des rêves, les théories de la transition, des collages, etc. (Voir en annexe 1 l'exercice de réflexion d'Elaine Piper.)

Robert Miles propose quelques suggestions complémentaires que nous pouvons utiliser dans notre travail avec les clients militaires ou vétérans en transition[54] :

- **Évaluer si le client est prêt à faire un choix de carrière** : Outre la question de l'emploi, l'autre besoin immédiat du vétéran est de surmonter les obstacles. Certains obstacles sont de nature personnelle – des problèmes de santé mentale ou des blessures physiques. D'autres sont de nature structurelle ou sociale. Le client est-il prêt à faire un choix de carrière?

- **Évaluer les intérêts et les possibilités** : Quels sont les facteurs de motivation de ce client? À l'aide des inventaires d'intérêts, du partage d'expériences ou d'autres outils, le client sera en mesure d'évaluer les aspects qu'il apprécie dans ses activités militaires ou ses loisirs, et de commencer à y découvrir des possibilités stimulantes.

- **Évaluer les compétences** : Aider les clients vétérans à déterminer l'importance des activités qui les motivent (intérêt élevé + aptitude élevée) par opposition aux activités qui suscitent très peu de motivation (intérêt faible + aptitude élevée) leur permettra de rédiger un curriculum vitæ efficace et de mieux se préparer aux entrevues d'emploi.

- **Évaluer les changements de valeurs** : Le service militaire modifie parfois considérablement les valeurs des vétérans. Le classement des cartes de valeurs, faciles à manipuler, peut les aider à déterminer quelles valeurs ont changé au fil du temps et de quelle façon. Parfois, le changement entraîne un bouleversement de leur vision du monde. Par exemple, la « reconnaissance » ou le « statut » étaient très importants auparavant. Maintenant, il se peut que la « sécurité » ou la « stabilité » soient devenues prioritaires. Voilà une occasion pour le vétéran d'exprimer ses sentiments ou ses idées, et de nous renseigner davantage sur ses principales priorités.

- **Favoriser la prise de décision** : Les intervenants en développement de carrière peuvent aider les clients à faire la différence entre les objectifs à court terme et ceux à long terme. Quels sont les facteurs exigeant une considération immédiate? Problèmes familiaux, difficultés financières, éducation? Le plus important pour le moment est d'aider les clients à recenser et à examiner leurs priorités les plus pressantes.

- **Favoriser la mise en œuvre** : C'est souvent à cette étape que nous perdons nos clients et qu'ils ont le plus besoin de notre soutien. Au cours de la phase d'évaluation ou d'orientation professionnelle, les clients sont, en règle générale, des récepteurs d'information. Nous leur transmettons les résultats des séries de tests quelconques que nous leur avons fait faire, et nous les aidons à voir les tendances et les possibilités. À l'étape de la mise en œuvre, cependant, c'est au tour du client de passer à l'action. La balle est dans son camp, pour ainsi dire. (Voilà pourquoi déterminer l'employabilité est une étape vraiment critique.)

Pour le client dont la priorité est de trouver du travail, la prochaine étape est la recherche active d'un emploi. Cela suppose beaucoup d'activités de réseautage, d'entrevues d'information, de salons de l'emploi, le risque d'essuyer des refus et de faire face à des employeurs qui ont des préjugés, tout en gardant le moral. De même, les clients qui ont choisi de poursuivre des études ou une formation supplémentaire profiteront également de notre expertise. Nous pouvons les aider à s'y retrouver dans les dédales des études civiles – admissions, reconnaissance de crédits, mesures d'adaptation (au besoin), sélection de cours, aide financière, etc.

Ceci étant dit, passons à la deuxième partie, consacrée à l'emploi et à l'employabilité.

PRINCIPAUX ÉLÉMENTS D'APPRENTISSAGE

- ★ Nous avons tous des préjugés sur la guerre et les conflits.
- ★ En nous familiarisant avec la culture militaire, nous serons mieux à même de faire participer nos clients vétérans et de les aider à trouver un nouvel objectif de vie lors de leur transition vers la vie civile.
- ★ Il se peut que nous devions adapter nos processus et nos outils à la culture des clients militaires que nous servons.
- ★ La transition est un processus. Elle prendra donc du temps.

LES COUPS DE CŒUR D'YVONNE :

◎ **Supporting Military Members in Career Transition** (https://registeratcontinuingeducation.dal.ca/search/publicCourseSearchDetails.do?method=load&courseId=77245). Ce certificat destiné aux intervenants en développement de carrière couvre les sujets suivants : Carrières et culture militaires; Transition vers la vie civile et vers le travail civil; Compétences transférables; Recherche d'emploi et outils; Considérations particulières. Remarque : Le programme est actuellement remanié par l'Association pour le développement de carrière de la Nouvelle-Écosse (https://www.nscda.ca/fr) et sera proposé en tant que cours d'apprentissage en ligne entièrement autodirigé sur le portail de formation de ses membres.

PARTIE II

Emploi et employabilité

Crédit photo : Caméra de combat des Forces canadiennes, MND

PROFIL D'UN VÉTÉRAN

« Un réseau de soutien »

Si Kevin écrivait un manifeste, il serait audacieux et un peu sombre, mais l'histoire incarnerait la discipline, l'intégrité et l'excellence. Après avoir touché le fond, pour ainsi dire, ce sont ces valeurs qui sous-tendent aujourd'hui sa vie d'entrepreneur, de mari, de père et de citoyen. Sans oublier le soutien. Kevin est convaincu que la trame de sa vie serait très différente sans le soutien de sa femme et des personnes avec lesquelles il peut être totalement honnête.

La décision de Kevin de s'engager dans les FAC était d'ordre pratique : il n'avait pas obtenu son diplôme d'études secondaires et son beau-père, qui avait passé cinq ans dans l'armée, lui avait recommandé de le faire. Après vérification, il a découvert qu'en tant que sapeur de combat, il aurait le choix entre de nombreuses options dans les métiers militaires. À 18 ans, il s'est donc engagé. À l'âge de 19 ans, il a été déployé en Afghanistan, où il a appris à s'amuser en marchant 15 kilomètres par jour malgré la peur. Il a ensuite effectué une mission en Ukraine, mais après huit ans d'hypervigilance quotidienne, il a été diagnostiqué comme souffrant d'un trouble de stress post-traumatique (TSPT). À l'époque, son partenaire lui avait conseillé de demander de l'aide, mais comme un vrai soldat, il a tenu bon, déterminé à aller jusqu'au bout.

En 2018, Kevin a été démobilisé pour raisons médicales en raison de problèmes de gestion de la colère qui s'aggravaient. N'ayant pas terminé ses études secondaires, il ne savait pas quoi faire, et la nature du travail qu'il avait effectué pendant son service l'avait rendu si hypervigilant qu'il était devenu extrêmement dépressif et suicidaire, négligeant sa santé et son apparence. Effrayé à l'idée de sortir, il se sentait pris au piège. Alors, pour changer, Kevin a décidé de se laisser pousser la barbe. Cela ne s'est pas bien passé. La barbe a provoqué des démangeaisons, une sécheresse et une desquamation de sa peau. Incapables de trouver sur le marché des produits répondant à ce problème, lui et sa femme ont fini par créer leur propre entreprise de fabrication de produits respectueux de la peau.

« Prendre soin de mon apparence a eu un impact considérable sur ma santé mentale », explique Kevin. La mise au point de produits destinés à aider les autres et la création d'un nouveau personnage « barbu » lui ont donné une raison d'être. Son entreprise est devenue l'une des premières entreprises appartenant à des vétérans à vendre des produits aux FAC, et ce en l'espace de six mois. Mais ce n'est pas tout. Kevin a formé une nouvelle communauté avec d'autres vétérans et d'anciens militaires. Cette communauté lui a donné une nouvelle mission et une nouvelle équipe. Ainsi, il a pu intégrer dans l'entreprise les uniformes, les compétences analytiques et la discipline – autant d'éléments appris dans l'armée. « Nous nous efforçons de nous améliorer dans notre travail. »

L'entreprise de Kevin a créé son propre programme d'ambassadeurs, une équipe construite sur le modèle de la structure militaire, mais avec une différence. « Nous sommes tous vulnérables. Mon rôle est de leur donner la permission d'être vulnérables. »

Pour Kevin, le plus grand défi de la transition entre l'armée et la vie civile a été sa propre ignorance. Il ne savait en effet pas que les compétences qu'il avait acquises dans l'armée pouvaient être transférées pour devenir entrepreneur. « Beaucoup de vétérans ne savent pas ce qu'ils ont », regrette-t-il. Pour lui, être à l'aise dans l'inconfort, garder l'esprit critique, accepter le stress et croire que l'on peut toujours trouver un moyen de surmonter les obstacles et d'accomplir le travail – tout cela est essentiel pour réussir en tant qu'entrepreneur. Ce sont également les meilleures leçons qu'il a apprises depuis la transition : « S'adapter et persévérer. Il existe un moyen de contourner le problème. Il faut juste être créatif. »

Kevin aimerait que les entrepreneurs vétérans bénéficient d'un soutien financier plus important. Bien qu'il existe des fonds pour les vétérans qui souhaitent faire des études, il pense que ceux qui, comme lui, ne sont pas doués pour les études n'ont pas accès (par l'intermédiaire de l'armée) à des fonds pour les aider à créer une entreprise.

Son conseil aux personnes en transition est le suivant :

- ✓ Tournez-vous vers un nouveau réseau de soutien – une équipe qui vous donnera de l'énergie et de l'autonomie.
- ✓ Soyez honnête avec les gens.
- ✓ Ayez dans votre entourage des personnes avec lesquelles vous pouvez avoir de vraies discussions sans jugement.

✓ Assurez-vous de ne pas avoir peur de demander de l'aide. « Je ne peux pas me soucier plus de toi que tu ne te soucies de toi-même. »

« Beaucoup de vétérans n'aiment pas qu'on leur dise "merci pour votre service" », note Kevin en guise de conclusion. « Il s'agit d'un signe de respect, mais cela les fait grimacer. C'était leur travail, alors soyez conscients qu'ils ne savent souvent pas comment réagir à cela. »

Et ces mots résument bien ce qu'il ressent : « Si j'avais été seul, sans ce soutien, je ne serais pas là où je suis aujourd'hui. »

CHAPITRE 6

Trouver un emploi – Les défis à relever

CONTENU DU CHAPITRE

- Ce que les vétérans ont à offrir
- Les difficultés rencontrées par les vétérans

Les vétérans ont beaucoup à offrir, mais...

Il existe de nombreuses études déjà, particulièrement à l'intention des employeurs, qui soulignent les qualités et les compétences que les anciens soldats, marins, aviateurs et aviatrices offrent dans leurs milieux de travail. Les employeurs sont à la recherche de candidats qui, en plus d'avoir les compétences pour l'emploi, font preuve d'adaptabilité, de souplesse, de motivation personnelle, de fiabilité, de dévouement, de professionnalisme et d'enthousiasme, en plus d'être axés sur la mission. Les personnes qui ont reçu une instruction militaire possèdent ces qualités et bien d'autres encore :

- **Loyauté, dévouement et sens du devoir** : finissent la tâche, quels que soient les obstacles, jusqu'à ce que la mission soit accomplie.
- **Travail d'équipe/collaboration** : sont aptes à travailler ensemble dans un but commun, et font confiance à leur équipe pour veiller à la réussite de la mission.
- **Qualités de leadership** : ont appris les méthodes de gestion, de formation, d'évaluation et de perfectionnement du personnel; savent faire en sorte que les gens vous suivent parce qu'ils croient en vous.
- **Résolution de problème** : ont reçu une formation sur la résolution optimale de problèmes, et n'hésitent pas à renoncer au plan d'action

prévu si la situation change, tout en travaillant sous pression et dans des circonstances où les enjeux sont importants.

- **Discipline** : ont appris à maintenir leur corps et leur esprit – aussi bien leur équipement et leur trousse d'hygiène personnelle que leur santé mentale et physique – en parfaite condition. À défaut de quoi le militaire risque de perdre le droit de porter l'uniforme.

- **Connaissance du personnel** : savent comment former, gérer et mener des gens et gagner leur respect.

- **Axé sur le but ou la mission** : ont été formés pour faire passer les besoins de la mission avant les leurs.

- **Responsabilité** : sont responsables de la vie d'autrui, d'équipements coûteux et d'enveloppes financières.

- **Connaissances** : sont aptes à utiliser les systèmes de communication et de l'équipement complexe, respectent les normes de sécurité et sont attentifs aux moindres détails.

Étant donné ces particularités et ces compétences plus qu'adéquates, comment se fait-il que plusieurs éprouvent des difficultés à trouver un nouvel emploi et à s'y adapter?

Ignorance de la culture et de la langue du milieu de travail civil

Imaginez ce que ressentirait une personne qui a vécu les 10 ou 15 dernières années dans une culture complètement différente. De façon très concrète, il s'agit de la réalité pour les militaires qui s'efforcent de faire la transition vers une carrière civile. Ils éprouvent une sorte de choc culturel. Comme nous l'avons indiqué auparavant, l'ordre de priorité d'un militaire est d'abord la mission, ensuite son équipe, et lui-même en dernier lieu. Dans la culture professionnelle civile, c'est l'inverse. Le chercheur d'emploi civil doit démontrer à son employeur potentiel de quelle façon il, le candidat, aidera l'organisation à réaliser sa mission ou de quelle façon elle, la candidate, ajoutera de la valeur à l'organisation. Cette culture requiert une mentalité complètement différente.

Ceux d'entre nous qui conseillent leurs clients sur la logistique requise afin de s'y retrouver dans le marché de l'emploi civil reconnaissent que la tâche peut être difficile même pour le chercheur d'emploi chevronné. C'est pourquoi nous offrons des séances d'encadrement ou d'orientation et des ateliers individuels afin d'aider les clients à apprendre les « ruses du métier » et le langage de l'employeur. Nous insistons sur l'importance de la clarification des objectifs, de l'autopromotion, de préparer nos clients à des questions d'entrevue de type comportemental ou situationnel, et nous leur recommandons fortement de faire leur propre étude de marché.

Pourquoi? Parce que c'est nécessaire pour réussir!

Notre client passe d'un environnement qui repose principalement sur la hiérarchie et la conformité, et où les rôles et l'avancement professionnel sont clairement définis, à une culture qui récompense l'autopromotion et l'autonomie. Il doit donc prendre le temps de comprendre les différences entre la nouvelle et l'ancienne culture de travail et les exigences nécessaires pour réussir ici.

Lucy, l'une des vétérans dont le profil est présenté dans ce guide, a dû s'habituer à assortir ses vêtements. Bien qu'il s'agisse de quelque chose de banal pour nous tous, lorsque vous avez porté un uniforme pendant la majeure partie de votre carrière, il peut être difficile d'assortir vos vêtements. Alberto a dû s'habituer à un rythme de travail plus lent, et Marcel a dû s'adapter à la perte d'une partie de son identité liée au fait d'être « le militaire ». Il n'est pas étonnant qu'ils conseillent tous une planification précoce, même s'ils ne l'ont pas faite eux-mêmes. Un soldat n'irait jamais en mission sans avoir effectué la reconnaissance nécessaire, ou « reco ». Il en est de même lorsque vous entrez ou retournez dans le milieu du travail civil – surtout après une longue absence.

Non seulement existe-t-il des écarts entre les cultures professionnelles, mais il y a également une barrière linguistique. Le jargon militaire peut être difficile à comprendre pour ceux qui n'y sont pas habitués. De plus, les acronymes et les sigles sont fréquents dans le jargon militaire. Si vous remarquez que votre client utilise beaucoup d'acronymes militaires, expliquez-lui que la plupart des travailleurs civils ne les comprendront pas et n'hésitez pas à lui demander de les traduire en des mots simples et non militaires. Il se peut que certains éprouvent de la difficulté au début, mais il s'agit d'une étape essentielle à la transition.

Notre tâche est d'aider nos clients à ajuster leur façon de penser afin qu'ils puissent décrire clairement et avec assurance de quelle façon la culture et les expériences militaires leur permettront de contribuer sérieusement à n'importe quelle organisation.

Difficulté à formuler et à convertir les compétences

Le côté pratico-pratique du transfert de compétences militaires dans la langue civile, et l'utilisation de cette information en vue de créer des curriculum vitæ et des lettres d'accompagnement intéressants et compétitifs constituent un autre aspect de la transition où les intervenants en développement de carrière peuvent aider les militaires et les vétérans. Commencez par poser des questions simples :

- Quelles compétences avez-vous utilisées pour réaliser ce travail?
- Si vous deviez former votre remplaçant, que voudriez-vous qu'il sache et puisse faire?
- Que deviez-vous accomplir afin de réussir une mission?

Après plusieurs années dans les FAC, les clients éprouvent parfois de la difficulté à prendre le recul nécessaire pour réaliser et décrire ce qu'ils ont accompli de façon objective. Lorsque cela se produit, nous pouvons leur demander de nous décrire une journée de travail typique, en demandant des précisions, au besoin. (Il est à noter que, compte tenu de leur nature, certaines tâches effectuées par nos clients ne peuvent être discutées.)

Les clients dont les affectations comportaient un certain nombre de rôles et de tâches différents – où ils devaient apprendre un tout nouveau travail, le maîtriser et le faire évoluer avant de passer à autre chose – disposent d'une compétence importante que nous pourrions les aider à exploiter.

Un vétéran qui, par exemple, a été officier d'infanterie pendant 25 ans, peut avoir occupé, au cours de ces 25 années, des emplois similaires à ceux d'un cadre supérieur, d'un directeur des ressources humaines, d'un gestionnaire de l'approvisionnement ou d'un directeur des services financiers. Une approche pourrait consister à demander à le vétéran : « Lorsque vous pensez à votre carrière militaire, de quelle(s) affectation(s) êtes-vous le plus fier? » Tout en l'écoutant, prenez des notes afin de vous remémorer les compétences pertinentes énoncées. Lorsque vous travaillez avec d'anciens militaires, surtout ceux dont les rôles sont très différents de leurs équivalents civils, ce processus « d'extraction d'information » est essentiel.

Sortez donc ces cartes de tri. Les jeux de cartes fonctionnent particulièrement bien avec les clients qui préfèrent exécuter que parler. La méthode du tri des compétences peut aider les clients à prendre conscience de ce qu'ils ont accompli, de ce qu'ils veulent continuer à accomplir, ou de ce qu'ils désirent perfectionner.

Cependant, si votre client vient de vivre une expérience de travail difficile, il se peut qu'il se sente incertain de ses compétences. Peut-être a-t-il été mis à pied ou cherche-t-il un emploi depuis un certain temps sans grand succès. À ce stade, il commence à douter de ses capacités. Dans le cas contraire, si un client revient d'une situation de combat, il est très probable que ses valeurs aient changé[55]. Dans ces situations, il serait probablement plus efficace d'utiliser les cartes de valeurs que de commencer avec les exercices de reconnaissance des compétences.

Les valeurs peuvent être comparées aux fondations d'une maison. Elles nous en disent beaucoup sur le client. Si vous rencontrez le client en personne, observez attentivement la façon dont il manipule les cartes. Prennd-il des décisions rapides, hésite-t-il beaucoup, se parle-t-il au cours de l'exercice ou adopte-t-il d'autres comportements? C'est la première étape. Ensuite, demandez-lui de classer ses cartes « Fortement apprécié » selon un thème. D'après votre connaissance du client, vous pouvez l'interroger sur le classement de ses cartes, mais vous voulez surtout avoir une idée de sa façon de penser. Finalement, demandez-lui de choisir les 10 à 12 valeurs qu'il aimerait retrouver au cours de la prochaine étape de sa vie. Ce processus peut être extrêmement révélateur, pour lui comme pour nous.

Si vous rencontrez le client virtuellement, vous pouvez trier les cartes à sa place. Vous pouvez être ses mains et il vous guidera. Envoyez-lui ensuite des photos des cartes à chaque étape de l'exercice et ce, jusqu'à la fin. Certains clients trouvent difficile de télécharger et de réorienter les photos telles qu'elles ont été envoyées, mais ils considèrent cela comme une occasion de formation qui leur permet de se familiariser avec les compétences virtuelles.

Que vous commenciez par des exercices de compétences ou de valeurs, ce simple exercice (ou tout autre exercice d'autoévaluation que vous aimez) aidera l'ancien militaire à réaliser son potentiel et à établir les principes de base qui guideront ses choix. (Remarque : Dwayne Cormier, intervenant en développement de carrière, a beaucoup travaillé avec des militaires et a constaté que le système COPS est généralement l'évaluation la mieux accueillie par ses clients. Voir la référence du lien plus loin dans ce chapitre.)

Mythes et perceptions erronées de la population civile

Les opinions liées à la guerre et au combat abondent. La vie de soldat – le travail, l'entraînement, les expériences et les récits militaires – rend parfois les gens nerveux. Les articles de presse mettant l'accent sur les aspects négatifs de la culture militaire façonnent nos perspectives, même en tant qu'intervenants en développement de carrière. Et sans le savoir, nous développons une croyance.

Un employeur qui voit sur un CV qu'un candidat a servi en Ukraine, en Syrie ou ailleurs et qui commence à se demander s'il y a lieu de s'alarmer pourrait réagir en fonction d'une croyance intériorisée qui n'est pas nécessairement vraie. Ce candidat souffre-t-il d'un trouble de stress post-traumatique? Exigera-t-il toutes sortes de mesures d'adaptation au travail? Va-t-il miner les ressources de l'organisation? Sera-t-il rappelé (s'il est réserviste)? Le candidat est d'ores et déjà considéré comme un handicap potentiel.

Un vétéran avec lequel j'ai discuté a déclaré que lui et ses pairs préféraient souvent ne pas parler de leur carrière militaire sauf à ceux qui avaient vécu la même chose.

De quelle façon nos clients peuvent-ils mettre à profit leur vaste expérience militaire sans rendre les gens nerveux?

Bien entendu, les employeurs ont l'obligation d'embaucher les meilleurs candidats afin de répondre aux besoins en main-d'œuvre de leur organisation. Mais… cet employeur agit-il à partir d'un préjugé conscient ou inconscient? Si c'est le cas, il risque d'écarter un employé potentiellement excellent, sans même l'avoir rencontré.

Challenge Factory a exploré le sujet des préjugés des employeurs dans une étude réalisée en 2018[56]. Ils ont posé les trois questions suivantes à un groupe d'employeurs :

1. Les vétérans sont-ils différents des employés civils types?
2. Les vétérans sont-ils différents de ce que les employeurs pensent d'eux?
3. Si la réponse est oui, en quoi sont-ils différents?

Un élément intéressant de l'étude est l'utilisation de personas. Les employeurs participants ont été invités à répondre à une série de questions, non pas en tant qu'eux-mêmes, mais du point de vue d'un persona auto-construit. Cela a permis à l'employeur de vivre l'expérience des vétérans à la recherche d'un emploi et d'accroître l'empathie et la compréhension.

Nous avons besoin de plus de défis de ce genre! Nous pouvons minimiser les perceptions erronées ayant un impact négatif sur les pratiques d'embauche en traitant les vétérans en tant que personne, en poursuivant les activités de sensibilisation et en offrant des services de représentation.

Manque de sensibilisation

Chaque année, le premier dimanche de juin, nous célébrons au Canada la journée des FAC. Il est généralement plus facile de trouver des partenariats et du soutien communautaires dans les régions où il existe une grande présence militaire. Dans les grands centres urbains, la présence des FAC est diluée. Les événements et les activités liés au jour du Souvenir continuent d'être un moyen important de sensibiliser la population civile sur les sacrifices des militaires et des vétérans. En outre, Anciens Combattants Canada, les FAC et d'autres organisations se sont engagés à informer les employeurs des avantages qu'il y a à embaucher d'anciens militaires.

Méconnaissance des équivalents civils

Supposons que vous travailliez avec une personne qui a servi comme soldat d'infanterie dans les FAC. En tant que membres d'une équipe ciblée et disciplinée, ces soldats sont chargés de tâches de combat. Ils doivent être capables de supporter des conditions climatiques et météorologiques extrêmes, de faire face au stress et aux privations, de comprendre et d'exécuter les ordres, et de vivre dans des locaux étroits. Ils doivent également être en mesure de porter leurs trousses d'attirail de campagne et de combat, dont le poids est compris entre 35 et 44 kg.

De quelle façon aiderez-vous donc ce client à trouver du travail? Quel emploi civil cette personne pourrait-elle exercer?

Familiarisez-vous avec l'OESC, un outil de traduction des emplois militaires en emplois civils (https://caface-rfacace.forces.gc.ca/mnet-oesc/fr/). Sur le site de l'OESC, votre client peut saisir son code d'identification de la structure des groupes professionnels militaires (ID SGPM) pour obtenir une liste d'équivalents d'emplois civils.

Trouver un emploi – Les défis à relever

Dans notre exemple, la recherche de « fantassin » sur l'OESC a généré un certain nombre de possibilités allant des ressources humaines à la logistique, en passant par le nettoyage et la construction, pour n'en citer que quelques-unes. Comme pour les paramètres de recherche avancée de la Classification Nationale des Professions (CNP) ou d'autres répertoires, tous les titres générés ne correspondent pas nécessairement aux carrières qui intéressent votre client. Nous pouvons maintenant demander à notre client de nous expliquer plus en détail (s'il se sent à l'aise) en quoi consistait son travail militaire. La description du poste de fantassin met en évidence le travail d'équipe, l'exécution de la mission, la force mentale et le courage. Une fois que le client nous a fait part des aspects de son travail qu'il a appréciés et dans lesquels il s'est épanoui, nous pouvons utiliser notre expertise pour l'aider à cibler des carrières civiles potentielles : sécurité, cybersécurité (s'il a des compétences techniques), direction d'équipe, application de la loi, agent pénitentiaire, formateur, etc.

Mais que se passe-t-il si notre ancien soldat d'infanterie n'est intéressé par aucune des options proposées ou n'a aucune idée de ce qu'il veut faire maintenant?

C'est à ce moment-là qu'un outil d'évaluation plus complet peut s'avérer utile. Vous avez vos favoris qui ont fait leurs preuves. Utilisez-les. En voici deux autres qui valent la peine d'être étudiés, au cas où vous ne les connaîtriez pas :

- **COPSystem** (https://www.edits.net/via) intègre les intérêts, les aptitudes et les valeurs professionnelles dans la proposition de métiers. Bien qu'il soit lié à O*NET, le système américain d'information sur les professions, le site COPSystem fournit un document de Classification nationale des professions (CNP) où l'on peut voir les équivalents de carrière canadiens (https://copsystem.edits.net/public/ccg-c-wbb.pdf).

- Le rapport d'évaluation **Self-Directed Search® (SDS)** (https://self-directed-search.com/Veterans) fournit des résultats d'intérêt liés aux Codes Holland. (La recherche a montré une prédominance des types Réaliste, Investigateur, Entreprenant et Social dans les professions et les personnalités militaires) Le rapport indique également les rôles civils liés aux compétences militaires, les programmes d'études liés aux Codes Holland, des informations sur les salaires, une liste de vérification pour la planification de la transition et bien plus encore.

Remarque : COPSystem et SDS sont tous deux des outils américains, mais ils peuvent être utiles comme solutions de rechange possibles pour générer des professions civiles. Au moment de la rédaction de ce document, un rapport numérique COPSystem coûte 12,00 $ US et un rapport d'évaluation SDS personnalisé coûte 18,95 $ US.

Une autre ressource utile est le Guichet-Emplois du gouvernement du Canada vétérans (https://www.guichetemplois.gc.ca/veterans). Les vétérans peuvent se renseigner sur les équivalents d'emplois civils, remplir une liste de vérification des compétences et des connaissances et consulter des outils de recherche d'emploi et d'autres ressources pertinentes.

Méconnaissance des services offerts

De nombreux services sont disponibles pour aider les vétérans des FAC. Comme indiqué précédemment, les FAC s'orientent vers une culture du changement où la planification de la transition commence dès le premier jour de port de l'uniforme. La transition concerne l'ensemble du personnel en service, sous une forme ou une autre, pendant la durée de leur service. Le fait que les vétérans en transition aient désormais entre 6 mois et 30 jours à consacrer à la planification de la transition est une excellente chose. Cependant, lorsqu'il y a beaucoup de travail à faire avant le départ, la mentalité militaire du devoir avant soi peut prendre l'ascendant, de sorte que le militaire n'est pas en mesure de prendre le temps nécessaire pour effectuer correctement le travail de planification de sa transition. Nous pouvons aider les militaires à se familiariser avec ces services et à s'y retrouver tout en les découvrant nous-mêmes. Nous pouvons également les encourager à faire appel aux Services de réorientation professionnelle (https://www.veterans.gc.ca/fr/etudes-et-emploi/trouvez-un-nouvel-emploi/services-de-reorientation-professionnelle) et à leurs conseillers en transition. Les militaires en activité et les vétérans peuvent également bénéficier des services de transition d'ACC (voir le site https://www.veterans.gc.ca/fr pour une liste complète des services).

Dans le sondage de 2021 du CERIC intitulé Le développement de carrière en milieu de travail : sondage des entreprises canadiennes, 75 % des employeurs interrogés ont indiqué qu'une « pénurie de travailleurs qualifiés » constituait un défi très problématique ou plutôt problématique pour leur organisation[57]. Il serait donc formidable de tirer parti des compétences exceptionnelles des membres des FAC qui ont fait une transition ou en cours de transition, n'est-ce pas? Mais hélas, il n'existe pas de processus actif en place ni de ressource militaire de développement de l'emploi pour répondre à ce besoin. (Peut-être que vous voudriez vous attaquer à ce problème?)

Dans l'intervalle, nous pouvons sensibiliser les employeurs aux formidables attributs et compétences que les vétérans des FAC sont en mesure d'apporter sur le marché du travail civil.

***

Voilà qui termine le portrait d'ensemble de la recherche d'un emploi civil. Maintenant, il est temps de passer aux choses sérieuses et de voir ce que l'on peut faire pour aider nos clients à combler leurs besoins en matière d'emploi.

PRINCIPAUX ÉLÉMENTS D'APPRENTISSAGE

- ★ Les FAC inculquent aux militaires un grand nombre de compétences utiles aux employeurs civils.

- ★ Les perceptions erronées au sujet des militaires ont des répercussions sur les attitudes, les croyances et même les pratiques d'embauche civiles.

- ★ Des ressources sont offertes pour déterminer les équivalents civils des emplois militaires.

- ★ Les militaires des FAC ne sont pas toujours informés des services à leur disposition pour les aider à effectuer une transition vers la vie civile.

LES COUPS DE CŒUR D'YVONNE :

◎ Le **Guichet-Emplois du gouvernement du Canada** comprend une liste de vérification des compétences et des connaissances (https://www.guichetemplois.gc.ca/planification-carriere/habilites-connaissance), où les chercheurs d'emploi peuvent définir leurs compétences parmi dix catégories et leurs connaissances parmi neuf catégories. L'information produit un profil des habiletés et des connaissances qui propose les professions connexes, les habiletés correspondantes et les connaissances requises. En cliquant sur une profession, vous pouvez consulter tous les emplois affichés en ce moment dans chaque région.

◎ **Centre de transition numérique** (https://www.canada.ca/fr/ministere-defense-nationale/services/avantages-militaires/transition.html). Cette ressource comprend un accès virtuel à des services de consultation en transition, ainsi qu'à des initiatives de formation et d'éducation en matière de transition. Le Centre de transition numérique comprend également l'outil Mon traducteur de compétences et d'éducation (Mon TEC) et l'OESC, qui aident à déterminer les équivalences civiles des professions militaires.

◎ **Engagement et partenariats avec la transition militaire (EPTM)** (https://www.canada.ca/fr/ministere-defense-nationale/services/avantages-militaires/transition/eptm.html), un réseau national numérique regroupant les organisations, les entreprises et les programmes qui soutiennent les militaires et vétérans en transition et leurs familles.

Trouver un emploi – Les défis à relever

« L'occasion que j'ai eue de servir notre grand pays a été une expérience formidable et si gratifiante, et je suis très fier de cette carrière. »

— Adjudant-chef (retraité)

PROFIL D'UN VÉTÉRAN

« Ancrages familiaux »

À 19 ans seulement, Charles a rejoint les Réserves des FAC. Mais être sur le terrain ne lui suffisait pas. Sa passion profonde était de voler. Aussi loin qu'il se souvienne, tout ce qui touche à l'aviation le fascinait. Il n'est donc pas surprenant que lorsqu'il a découvert, au début de ses études universitaires, qu'il n'avait pas besoin de diplôme pour faire partie de la Force aérienne, il a quitté la Réserve et l'université et s'est engagé dans la Force aérienne dans le cadre du programme d'instruction pour les aspirants officiers. Il était en route vers les cieux!

Bien sûr, le fait que le film *Top Gun* soit sorti la même année que son enrôlement a joué un rôle important. C'est vraiment génial!

Pour Charles, faire ce qu'il aime (voler) tout en étant pris en charge par l'organisation, qui paye son instruction et lui permet d'acquérir de l'expérience et de partir à l'aventure, c'était un rêve devenu réalité. Il rentrait souvent à la maison et disait à sa femme : « Je n'arrive pas à croire qu'on me paie pour faire ce que je fais. » Elle, occupée à tenir le fort à la maison, n'était pas impressionnée.

Il a fallu près de 34 ans avant que Charles ne prenne la décision de partir, prenant sa retraite en tant que commandant adjoint à part entière de la Force aérienne. À l'exception de quelques rôles frustrants, le travail a été pour l'essentiel stimulant et gratifiant. « Avec le recul, dit-il, je ne vois pas de travail que je n'ai pas apprécié. » Mais à l'âge de 55 ans, il a senti qu'il était temps pour lui de partir. Il a travaillé dur, il a fait une différence, il a apporté sa contribution et il « a terminé sa carrière avec la même épouse que celle avec laquelle il l'avait commencée. »

Lorsqu'il réfléchit à sa vie dans la Force aérienne, Charles dit que les gens lui manquent. « On s'attache à être entouré de personnes qui partagent les mêmes idées et qui se concentrent sur les mêmes choses. Vous faites partie d'une culture professionnelle qui définit en quelque sorte qui vous êtes. » Ce qu'il ne regrette pas, c'est le rythme de travail parfois brutal qui venait avec l'affectation, surtout vers la fin de son mandat. La retraite lui a permis d'échanger ce sentiment d'appartenance et d'attachement institutionnel contre la latitude de faire davantage de choses qu'il veut faire, et non qu'il doit faire.

Charles se souvient que quelqu'un lui a dit au cours de la transition qu'il était temps de devenir un être humain et non plus seulement un humain qui accomplit des choses. « Je ne me considère plus comme quelqu'un d'occupé. Je suis occupé par les choses que je veux faire. Et maintenant, nous (la famille) pouvons faire beaucoup de choses que nous voulons faire. »

La décision de partir était délibérée. « J'ai donné un préavis de neuf mois. La plupart des gens ne le font pas. » Il se souvient bien qu'il a été difficile d'officialiser son intention de prendre sa retraite. « Mais chaque jour qui passait devenait de plus en plus facile pour lui. Je n'avais plus le choix. Je leur avais dit. Je devais maintenant trouver une solution. »

L'autre élément qui a facilité la transition est que lui et sa famille ont pris une décision consciente sur ce qu'ils allaient faire immédiatement après son départ à la retraite (voyager). « Ainsi, j'avais hâte de partir, et le fait de voyager pour une période aussi longue (un mois) m'a vraiment permis de faire la rupture. »

Pour Charles, l'adaptation la plus importante après le service a été son emploi du temps, ou plutôt, son absence d'emploi du temps. « Je suis incapable de gérer un emploi du temps. J'étais tellement occupée avant de prendre ma retraite, hyperconcentré sur les horaires que j'avais deux employés qui géraient mon emploi du temps bien établi pour chaque jour. Je passais d'une tâche à l'autre. Maintenant, je dois trouver quelque chose à faire pour combler ces mêmes 50 à 55 heures par semaine. »

Maintenant que cela fait un peu plus d'un an, Charles considère que sa vie est désormais beaucoup plus équilibrée. Son emploi actuel de consultant lui permet de maintenir un lien avec les FAC, mais à ses conditions.

Quels conseils donnerait-il à un militaire en transition? « Vous devez prendre une décision selon vos conditions. Faites-le par désir de partir. Si vous gardez de l'amertume, c'est là que ce sera difficile. Vous devez décider consciemment que c'est la bonne chose à faire pour vous et que vous le faites pour vous, et non pas parce que vous vous sentez maltraité ou à cause de quelque chose que l'organisation a dit ou fait. Si vous pouvez rationaliser les choses et en arriver à ce point, la transition sera plus facile. »

Charles donne ce conseil en se basant sur ses observations des personnes qui ont quitté les FAC. Ceux qui se sont sentis évincés ou floués par le système, pour ainsi dire, ont gardé un sentiment d'amertume. Il estime que, quelles que soient les circonstances du départ, il faut s'assurer de faire la paix avec ce choix ou avec ce qui a été fait. Avoir une vision à long terme, une bonne attitude et une perspective positive est la clé pour survivre à la vie sans garder d'amertume.

Et voici d'autres conseils, idées et observations de Charles :

- ✓ Les conjoints qui réussissent dans la vie militaire sont ceux qui trouvent le moyen de continuer à vivre, quoi qu'il arrive. L'état d'esprit et l'attitude sont vraiment importants.
- ✓ Nous avons toujours pensé que pour nos enfants, nous devions leur procurer un foyer, et non pas une simple maison. La maison est une structure physique; le foyer est ce que nous faisons de cette structure physique – ce que nous y faisons, comment nous nous réunissons, comment nous apprécions la compagnie des autres membres de la famille. Peu importe où nous vivions. Ce qui compte, c'est ce que nous y faisons.
- ✓ La façon dont la transition est vécue est très personnelle et très individuelle. Les personnes qui vivent une transition réussie ont probablement en majorité choisi de partir volontairement et étaient prêtes à passer à autre chose. D'un autre côté, celles qui vivent mal la transition ont vraisemblablement dû quitter par obligation et non par choix, ou parce qu'elles ne savent pas ce qu'elles feront dans le monde civil.
- ✓ L'expérience de la transition est très axée sur le processus. À l'heure actuelle, il s'agit d'un système unique et non personnalisé, et il faut dès le départ qu'un conseiller formé puisse repérer parmi les militaires en transition lesquels sont en difficulté et auront besoin de plus d'aide au cours du processus pour atteindre un point où ils seront prêts à partir et en paix avec cette décision.
- ✓ La culture militaire est très différente de celle de la plupart des entreprises du secteur privé. Pour la plupart des personnes travaillant dans le secteur privé, il s'agit d'un simple emploi, mais l'armée est bien plus un mode de vie qui transcende l'aspect d'un emploi du lundi au vendredi. Je ne pense pas que beaucoup de gens le comprennent. Dans l'armée, on fait partie de quelque chose de plus grand. Les militaires en transition sont à la recherche de ce même type d'attachement et d'un objectif plus important.
- ✓ N'acceptez pas le premier emploi qu'on vous propose. Veillez à ce qu'il corresponde à vos attentes.

« Lorsque je repense à mes 34 années d'expérience, l'un des faits marquants de ma carrière est le fait que j'ai pris ma retraite avec la même femme qu'au début de ma carrière. Je dis à tout le monde que ma définition du succès dans une carrière est double : (1) vous avez le sentiment d'avoir contribué et fait la différence pour l'institution dans laquelle vous travailliez, et (2), ce qui est tout aussi important, vous l'avez fait d'une manière qui vous a permis d'avoir une famille et des relations en dehors de cette institution. La famille a été un soutien incroyable qui m'a permis d'accomplir tout ce que j'ai fait. » (traduction libre)

CHAPITRE 7

Trouver un emploi – Outils et ressources

CONTENU DU CHAPITRE
- L'importance de valeurs, d'attributs et d'objectifs clairs
- Aider les clients à déterminer leurs compétences
- Préparation à l'emploi
- Ressources choisies

Avant toute chose, les militaires en transition doivent se définir une nouvelle identité et un nouvel objectif de vie dans le monde civil. Pour certains, cela signifie trouver un travail enrichissant. Le vétéran dont l'esprit ne peut concevoir de rester assis à ne rien faire pourrait être tenté de sauter sur le premier emploi qui lui semble intéressant, pour s'apercevoir quelques mois plus tard qu'il n'est pas vraiment fait pour lui. Il est indispensable de prendre le temps de se faire une idée précise du type de travail qui le satisfera. On peut comparer cela à la création d'un objectif, à la planification d'une mission ou au tir sur une cible. Le succès est la réalisation de l'objectif, l'accomplissement de la mission ou l'atteinte de la cible.

Prenons l'exemple de l'ancien soldat d'infanterie que nous avons rencontré au chapitre 6. Pour trouver un emploi, il devra déterminer les éléments nécessaires à sa carrière pour la rendre enrichissante, avoir un objectif professionnel assez clair, connaître les compétences qu'il a à offrir, avoir un curriculum vitæ efficace, trouver des possibilités d'emploi et créer des relations, se préparer aux entrevues, etc. C'est sa nouvelle mission.

Valeurs et attributs fondamentaux

Dans le cas d'un client vétéran qui cherche à se créer une vie professionnelle en dehors des FAC, quelque chose qui lui donnera un nouveau sentiment d'identité et un nouvel objectif de vie, il est essentiel à mon avis de passer du temps à travailler sur les valeurs. L'évaluation des valeurs lui permettra en effet de faire le point et de se concentrer sur les éléments essentiels nécessaires pour donner un sens à ce nouveau chapitre de sa vie.

Quelles sont les valeurs fondamentales sur lesquelles il veut se concentrer maintenant?

Après des années de pratique professionnelle en tant qu'intervenante en développement de carrière, je suis toujours étonnée de voir à quel point une évaluation des valeurs peut être révélatrice pour les clients. Alors, sortez votre jeu de cartes de valeurs ou tout autre inventaire des valeurs liées au travail et à la vie privée et aidez le client à trouver celles qu'il souhaite voir incarner dans son travail après l'armée. Cela l'aidera certainement à déterminer ce qu'il devra rechercher dans un emploi ou dans une entreprise et les questions à poser au cours d'une entrevue.

Et puisque nous parlons de valeurs, n'oublions pas d'intégrer les attributs pertinents dans la valeur ajoutée que nos clients apportent au travail. Une personne qui est analytique, soucieuse du détail, visionnaire, coopérative, méthodique ou autre sera beaucoup plus heureuse dans un emploi qui fait appel à de tels attributs de sa personnalité et qui s'aligne sur ses valeurs fondamentales. Comme l'a dit Blake, l'un de nos profils, « lorsque vous cherchez un emploi civil, soyez attentif aux valeurs de l'entreprise avec laquelle vous voulez travailler. »

Clarté

Voilà quelque chose qui m'arrive tout le temps. Un client prend rendez-vous pour que je l'aide à trouver un emploi. Je lui demande : « Quel type d'emploi recherchez-vous? » Et il me répond quelque chose du genre : « N'importe quel travail. »

Vraiment?

Les jours où je me sens particulièrement espiègle ou excentrique, je choisis au hasard un emploi. Et là, j'entends toutes sortes de réactions : « Je n'aime pas ça », « Je ne peux pas faire ça » ou « Si seulement je pouvais! » À partir des réponses que mon client me donne au sujet de cet emploi attribué au hasard, je peux alors lui apprendre pourquoi « n'importe quel emploi » n'est évidemment pas un critère suffisant.

Nous ne pouvons pas aider efficacement les clients qui n'ont pas une idée claire de ce qu'ils veulent faire. Sans objectif professionnel clair, on vole à l'aveuglette, en espérant atterrir en toute sécurité. Ce n'est évidemment pas impossible, mais le stress est important. Les clients n'ont pas le temps d'essayer toutes les possibilités de carrière qui s'offrent à eux. Notre travail consiste donc à les aider à clarifier le type de travail qu'ils recherchent. Veulent-ils faire un travail similaire à celui qu'ils faisaient aux FAC ou veulent-ils changer complètement de carrière?

Si votre client souhaite effectuer un travail similaire ou compatible avec celui qu'il effectuait lorsqu'il était en service, l'OESC est un excellent point de départ, tout comme le site Web de recrutement des FAC (https://www.forces.ca/). Il peut ainsi dresser une liste de possibilités de carrière et, à partir de cette liste, déterminer celles qui sont les plus compatibles avec ses compétences et aptitudes.

Si, en revanche, le client souhaite changer complètement de carrière et ne sait pas ce qu'il veut, notre rôle en tant que conseiller d'orientation professionnelle compétent sera de l'aider, puisque nous sommes mieux outillés pour le faire. Nous devrons alors guider le client dans un processus d'auto-évaluation de carrière, dans lequel il déterminera les compétences (qu'il possède ou qu'il souhaite acquérir), les valeurs, les attributs, l'environnement de travail idéal et les intérêts, à l'aide d'outils d'évaluation normalisés, afin de créer un profil de carrière. Le client pourra ensuite utiliser les informations apprises comme une grille d'évaluation pour déterminer si les différents choix de carrière s'y conforment.

Si le client ne parvient pas à définir un objectif clair, il peut également s'avérer utile de faire un remue-méninges. Nous pouvons par exemple lui demander de décrire une activité qu'il aime ou de nous parler des tâches qu'il maîtrise bien. D'autres questions se posent également : Quels sont les domaines dans lesquels les gens vous demandent de l'aide? Quelles activités vous rendent le plus enthousiaste et authentique? Quels sont les aspects de votre ancien emploi que vous aimiez ou détestiez? Chacune de ces questions peut fournir des indices utiles pour guider le client vers une nouvelle orientation.

Mais soyez prêt : même si vous faites tout ce qui précède, certains clients ne parviennent pas à s'enthousiasmer pour quoi que ce soit. Prenez cela comme un indice que d'autres facteurs sont présents. La dépression, l'anxiété, l'immobilisme, les traumatismes et la peur peuvent tous contribuer à cette incapacité à se voir dans un nouveau rôle. Vous pouvez alors questionner le client avec tact pour savoir ce qui peut contribuer à cet état et l'orienter vers une assistance professionnelle compétente avant de poursuivre les démarches. Dans ce cas, le Répertoire national des ressources (https://military-transition.canada.ca/fr/repertoire-national-des-ressources) peut être utile pour mettre en contact votre client avec des prestataires de soins de santé de confiance.

Anciens Combattants Canada offre également plusieurs avantages et services https://www.veterans.gc.ca/en/news-and-media/infographics/our-benefits-and-services aux vétérans admissibles. Les vétérans qui ont besoin de services ou d'aide peuvent communiquer avec Anciens Combattants Canada au **1-866-522-2022 (français)** ou au **1-866-522-2122 (anglais)**.

Compétences

L'évaluation des compétences est une étape importante, une composante nécessaire du processus d'« outillage ». Pour le soldat d'infanterie de notre scénario fictif dont nous avons parlé, il est probablement difficile de déterminer quelles compétences sont pertinentes au type de travail civil désiré. Demandez à votre client de remplir une liste de vérification des compétences transférables, ou utilisez votre exercice préféré d'évaluation des compétences. De cette façon, vous vous assurerez que non seulement il connaît ses capacités, mais qu'il sera aussi en mesure de formuler et de démontrer ses compétences lors d'une entrevue d'emploi (davantage d'information à ce sujet dans un chapitre ultérieur).

N'oubliez pas que les FAC offrent une excellente formation permettant d'acquérir des compétences transférables au milieu de travail civil dans les aspects suivants : (1) les **relations interpersonnelles** – travailler en équipe; (2) le **leadership** – aptitude à diriger, à mener, à guider et à encadrer; et (3) **technique** – compétences acquises dans le cadre d'un métier. De nombreux membres des FAC sont également formés dans les mêmes institutions civiles reconnues que leurs homologues n'ayant pas effectué de service militaire. Les vétérans démontrent également des qualités appréciées, telles que la responsabilité, la fiabilité et une attitude tournée vers l'« action ». Par conséquent, plus nous pouvons amener nos clients à exploiter ces points forts, plus nous parlons leur langue.

Personnellement, j'ai constaté que le fait de regrouper les compétences en catégories aide le client à percevoir des tendances ou des thématiques dans ce qu'il a fait. Ces thématiques peuvent ensuite l'aider à mettre en évidence des sources de motivation, qui peuvent à leur tour constituer une bonne base pour l'élaboration d'un CV. Par exemple, supposons que le client a déterminé la liste suivante de 15 compétences qu'il maîtrise bien et qu'il aime exploiter :

- Travail d'équipe;
- Aide aux autres;
- Enseignement/formation/instruction;
- Organisation;
- Planification;
- Coordination;
- Résolution de problèmes;
- Évaluation (quantitative et qualitative);
- Recherche;
- Supervision;
- Leadership;
- Gestion de crise;
- Motivation;
- Communication.

Vous remarquerez que l'on peut extraire trois catégories principales de cette liste : les **compétences relationnelles** (travail d'équipe, aide, enseignement/formation, motivation, leadership, supervision, communication); les **compétences organisationnelles** (organisation, planification, coordination, supervision); et les **compétences analytiques** (résolution de problèmes, recherche, évaluation, gestion de crise). Notre client pourra alors s'assurer de mettre en évidence ces catégories dans son CV et il pourra également réfléchir à des situations au cours desquelles il a utilisé ces compétences dans le passé et comment elles ont contribué à accomplir la mission, à procurer une valeur ajoutée, à réduire les coûts ou les pertes, ou encore à augmenter l'efficacité.

Cet exercice peut également aider le client à déterminer des emplois qui requièrent les compétences qu'il souhaite utiliser dans son travail.

Le curriculum vitæ

Qu'il soit chronologique, fonctionnel (basé sur les compétences) ou mixte, le curriculum vitæ reste l'outil de prédilection pour communiquer les qualifications d'une personne pour un emploi. Du point de vue de la culture militaire, il est important de comprendre que le personnel militaire est habitué à « arborer » une grande partie de son CV. Tout ce qui figure sur l'uniforme représente une quantité substantielle d'informations sur la carrière militaire. Par exemple, l'insigne de coiffure indique la profession; le grade, le niveau de responsabilité; les médailles indiquent les types d'expériences spécifiques et le temps passé sous l'uniforme; et les épinglettes de mention élogieuse et autres accessoires permettent de distinguer les personnes les plus performantes des autres.

Même si tous les aspects du curriculum vitæ d'un militaire ne figurent pas sur l'uniforme, on en retrouve une grande partie. C'est l'une des raisons pour lesquelles les militaires ne savent pas bien traduire leur expérience militaire en mots dans un CV : ils sont habitués à ce qu'elle soit vue et comprise, sans qu'il soit nécessaire de l'expliquer.

Le nouveau vétéran qui s'adresse à nous pour obtenir de l'aide afin de trouver un emploi civil saura probablement qu'il a besoin d'un curriculum vitæ écrit. Notre travail, après avoir appris à le connaître et à connaître ses antécédents professionnels et son éducation, consiste à l'aider à préparer le dossier le plus solide possible sur ce qu'il peut apporter à une organisation et à lui apprendre à le mettre sur papier et à l'articuler lors d'une entrevue. L'uniforme ne sera pas là pour démontrer ses antécédents professionnels, et même si le vétéran pouvait le porter en entrevue, peu d'employeurs civils seraient en mesure de les comprendre.

Pour le client vétéran, nous devons avant tout nous assurer que le CV n'est pas truffé de jargon militaire et que son expérience et ses compétences sont clairement exprimées. Si l'intelligence artificielle peut aider à mettre en place le format, la présentation, les modèles et la formulation, un intervenant en développement de carrière avisé peut aider à affiner les éléments essentiels à communiquer sur le client dans un langage que le public cible peut comprendre.

L'exemple de CV militaire de l'annexe 3 illustre comment l'expérience militaire peut être communiquée à un employeur civil pour le militaire fictif nommé Mason Cummings, un professionnel de l'informatique. En mentionnant d'emblée ses domaines d'expertise, il communique ses compétences dans un langage adapté au secteur qu'il vise. Bien entendu, il est conseillé à Mason d'écrire en toutes lettres les acronymes utilisés à côté de son nom afin de s'assurer que les qualifications qu'il souhaite mettre en avant sont clairement comprises. Un autre élément à améliorer serait la cohérence du langage et de la mise en page. Par exemple, il précise la durée de chaque expérience professionnelle et pour sa maîtrise, mais il ne l'a pas fait pour son baccalauréat. Il a simplement indiqué l'année d'obtention du diplôme, mais on pourrait aussi croire qu'il a obtenu son baccalauréat en un an. Dans une fiche d'emploi, il utilise les termes « commandant » et « officier commandant », et il n'est pas clair si ces termes signifient la même chose. Il y a quelques autres incohérences mineures ou détails rédactionnels qui peuvent être améliorés, mais je vous laisse le soin de les découvrir. Dans l'ensemble, le CV documente bien son expérience militaire et sa pertinence par rapport à sa recherche d'emploi actuelle.

Lorsque nous conseillons nos clients sur l'élaboration de leur CV, nous tenons également à leur rappeler pourquoi il est utile de présenter les domaines d'expertise dans les cas où l'intelligence artificielle ou des systèmes de suivi des candidatures sont utilisés pour sélectionner les candidats qui répondent aux exigences du poste. Une autre bonne pratique est de cibler le vocabulaire du curriculum vitæ afin de démontrer clairement les compétences, l'expérience, les études ou les attestations recherchées par l'employeur.

Exemple concret : j'ai déjà vécu une situation où un membre du personnel avait quitté son emploi au cours d'une période particulièrement occupée au sein de notre service. J'avais besoin d'afficher et de pourvoir le poste très rapidement. Le lendemain de la date limite de réception des candidatures, j'ai jeté un coup d'œil à la liste des candidats et découvert 400 curriculum vitæ uniquement pour ce poste. Personne, moi y compris, ne veut ni n'a le temps de passer à travers une liste de cette envergure. J'ai donc utilisé une série de filtres afin d'extraire seulement les curriculum vitæ répondant à toutes les exigences de l'emploi.

Finalement, les candidats doivent être en mesure de démontrer qu'ils utilisent et connaissent les médias sociaux.

Ce sont des exemples de conseils simples mais importants que les intervenants en développement de carrière peuvent offrir aux militaires en transition afin que leur curriculum vitæ soit prêt pour le milieu de travail civil.

Possibilités d'emploi/relations

Avec la prévalence des sites d'emploi, il est facile pour nos clients de publier leur curriculum vitæ en ligne et d'avoir l'impression de rechercher « activement » un emploi. La plupart d'entre eux se rendent compte assez rapidement que le « retour sur investissement » est faible. Les relations et les réseaux sont un élément essentiel de la recherche d'emploi. Mais où les militaires en transition peuvent-ils créer des relations lorsqu'ils n'ont pas été dans le monde civil pendant un certain temps ou qu'ils ont passé toute leur vie professionnelle dans les FAC?

Presque tous les hommes et femmes présentés dans ce guide recommandent d'entrer en contact avec des personnes qui ont déjà effectué une transition. En effet, ces personnes parlent le même langage, comprennent le stress de la transition et auront de bons conseils à leur prodiguer. Notre travail consiste à encourager nos clients à créer des relations, s'ils ne l'ont pas déjà fait. Le vétéran Blake (présenté ci-dessous) a mené plus de 30 entrevues d'information avec des personnes travaillant dans les domaines qui l'intéressent. Tous les emplois qu'il a obtenus ont découlé directement de ces relations.

Nous pouvons suggérer à nos clients de commencer par créer un profil LinkedIn. Ils peuvent également s'adresser à des groupes LinkedIn ou à d'autres réseaux de vétérans (voir le chapitre 3, Réseaux de soutien pour les militaires et vétérans en transition et à risque, et le chapitre 12, Emploi).

Habituellement, les vétérans veulent aider d'autres vétérans. Encourageons donc nos clients à travailler en réseau et apprenons-leur à bien le faire.

Ressources d'emploi choisies

Les services suivants sont offerts aux militaires et aux vétérans en transition : formation professionnelle, liens vers des employeurs favorables à l'embauche des militaires, réseaux virtuels, subventions pour le perfectionnement professionnel, accès aux offres d'emploi, planification de la transition, aide à la rédaction de curriculum vitæ et à la recherche d'emploi. Certains de ces services sont à la disposition des militaires avant même qu'ils quittent les FAC, ce qui permet de commencer la planification à l'avance. Voici quelques services pertinents :

Centre de transition numérique

https://www.canada.ca/fr/ministere-defense-nationale/services/avantages-militaires/transition.html

Cette ressource comprend un accès virtuel à des services de consultation en transition, ainsi qu'à des initiatives de formation et d'éducation en matière de transition. Le Centre de transition numérique comprend également l'outil Mon traducteur de compétences et d'éducation (Mon TEC) et l'OESC qui peuvent faciliter la détermination des équivalences civiles des professions militaires.

Engagement et partenariats avec la transition militaire (EPTM)

https://www.canada.ca/fr/ministere-defense-nationale/services/avantages-militaires/transition/eptm.html

Un réseau national numérique regroupant les organisations, les entreprises et les programmes qui soutiennent les militaires et vétérans en transition et leurs familles. Les organisations ou les prestataires de services qui soutiennent la communauté des militaires, des vétérans et de leurs familles peuvent s'inscrire en allant sur la page d'accueil de l'EPTM et en soumettant une demande d'inscription au Répertoire national des ressources (RNR). Une fois intégrées au répertoire, les organisations pourront également échanger des pratiques exemplaires sur la façon de soutenir les militaires, les vétérans et leurs familles.

Services de réorientation professionnelle d'Anciens Combattants Canada

https://www.veterans.gc.ca/fr/etudes-et-emploi/trouvez-un-nouvel-emploi/services-de-reorientation-professionnelle

Les services de réorientation professionnelle d'Anciens Combattants Canada offrent un système de soutien complet aux membres des Forces armées canadiennes, aux vétérans, aux conjoints/partenaires et aux survivants qui remplissent les conditions requises. Ces services comprennent l'orientation professionnelle individuelle, l'aide à la rédaction de curriculum vitæ, la préparation aux entrevues, l'information et l'analyse du marché du travail, ainsi que le soutien à la recherche d'emploi. En outre, les services de réadaptation professionnelle comprennent des services de réadaptation médicale, de réadaptation psychosociales et de réadaptation professionnelle offerts aux vétérans admissibles.

Centres de transition de carrière des Forces armées canadiennes

https://www.canada.ca/fr/ministere-defense-nationale/services/avantages-militaires/transition.html

Ces centres fournissent de l'aide pour une deuxième carrière, des ateliers de transition de carrière, un programme de formation professionnelle pour les militaires actifs, des orientations vers des sources d'emploi au sein de la fonction publique fédérale, des trousses à outils, et plus encore.

The Canadian Guide to Hiring Veterans

http://www.challengefactory.ca/VeteranHiringGuide

The Canadian Guide to Hiring Veterans (en anglais seulement) est une publication facile à utiliser pour aider les employeurs à trouver, à embaucher et à conserver des vétérans. Les vétérans peuvent utiliser de guide pour trouver des organisations prêtes à les recruter.

Guichet-Emplois du gouvernement du Canada pour les vétérans

https://www.guichetemplois.gc.ca/veterans

Cette base de données nationale offre des listes d'emplois, des outils d'exploration de carrières et des mises à jour sur le marché du travail pour aider les vétérans en transition à trouver des carrières enrichissantes. Depuis plus de 100 ans, le Guichet-Emplois aide les militaires à intégrer le marché du travail civil.

Comment embaucher un vétéran

https://www.veterans.gc.ca/fr/etudes-et-emploi/trouvez-un-nouvel-emploi/employeurs-qui-veulent-engager-des-veterans

Cette page Web d'ACC vise à mettre en relation les employeurs potentiels et les vétérans. Elle comprend un formulaire d'inscription pour les employeurs et un lien pour créer un compte d'entreprise au Guichet-Emplois d'Emploi et Développement social Canada.

Le Carrefour des anciens combattants de La Fondation Les Fleurons glorieux

https://www.veteranhub.ca/fr/

Il s'agit d'un guichet unique où les vétérans, les militaires et leurs familles peuvent trouver des possibilités de bénévolat, des activités et des services dans leur communauté. Il propose également des options permettant d'ajouter des programmes et événements supplémentaires au Carrefour, afin de maintenir l'information aussi à jour que possible.

Groupe LinkedIn « Embauchez un(e) vétéran/vétérane » d'ACC

https://www.linkedin.com/groups/12536921/

Il s'agit d'un groupe LinkedIn privé qui met en relation des militaires et des vétérans en transition avec des employeurs qui accordent de l'importance aux compétences acquises lors du service militaire.

L'entrevue

Nous, les intervenants en développement de carrière, possédons tous dans nos trousses à outils des techniques d'entrevue testées et éprouvées. Outre les conseils de base avant les entrevues – étudier l'organisation, valider l'alignement des valeurs, s'assurer que le curriculum vitæ convient à l'emploi, sélectionner ses références, choisir une tenue appropriée –, le vétéran qui en est au début de sa recherche d'emploi aura probablement besoin de plus d'une séance de préparation.

Étant donné son ancienne culture professionnelle où les promotions reposaient sur le rendement et l'ancienneté, où les promotions étaient vraisemblablement recommandées par le commandant et où l'autopromotion ne constituait pas une valeur fondamentale, il est naturel qu'un vétéran ne soit pas habitué ni même à l'aise avec l'idée de se vendre.

Sans avoir l'air de vouloir dire aux intervenants en développement de carrière comment faire leur travail, j'aimerais vous présenter ces questions à des fins de considérations :

- De quelle façon préparerons-nous nos clients à faire face au scepticisme de l'employeur à l'égard de leur capacité (ou volonté) à s'adapter à la culture professionnelle civile?
- De quelle façon apprendrons-nous à nos clients à parler en connaissance de cause de la valeur ajoutée qu'ils apporteront à l'organisation?
- Quels conseils donnerons-nous à nos clients pour les aider à décrire de quelle façon leur expérience militaire les a outillés de compétences qui répondent aux besoins de l'employeur? Que ferons-nous, par exemple, pour encourager un vétéran à décrire l'étendue de ses responsabilités alors qu'à un âge relativement jeune, il avait déjà géré un grand nombre de personnes ou un budget excédant de loin celui de son homologue civil d'âge comparable?
- Comment atteindrons-nous ces objectifs avec un client imprégné d'une culture favorisant « l'individu en dernier, la mission d'abord »?

Suggestions à l'intention des intervenants

Comme vous pouvez le constater, les vétérans disposent de nombreuses ressources en matière d'emploi. Cependant, il arrive parfois qu'au cours de notre travail auprès d'un groupe de clients particuliers, nous prenions conscience d'un élément manquant ou d'une lacune. Si c'est le cas, associez-vous avec un fournisseur offrant déjà des services axés sur les militaires, si possible, afin d'ajouter l'élément manquant au lieu de tenter de créer une ressource distincte supplémentaire que les vétérans devront découvrir.

C'est l'approche accueillante, la compréhension dont nous faisons preuve, la volonté d'écouter, le respect et les conseils étape par étape qui sont nécessaires et précieux pour les vétérans. Dans cet esprit, permettez-moi de vous offrir quelques suggestions supplémentaires :

- Demandez à vos clients militaires de s'inscrire auprès des Services de transition des FAC et d'ACC s'ils ne l'ont pas déjà fait. Ce groupe se consacre entièrement à l'aide à la transition vers la vie civile.
- Veillez surtout à aider vos clients à déterminer les compétences, les qualités personnelles, les valeurs et les expériences qui leur permettront d'obtenir un emploi.
- Proposez aux clients des options virtuelles pour communiquer avec vous.
- Offrez des services d'encadrement et d'orientation professionnelle personnalisés et individuels conçus pour répondre aux besoins uniques de vos clients militaires. Chacun d'eux est différent.
- Apprenez à connaître les ressources offertes de façon à pouvoir aider vos clients en matière de soutien, de formation, d'éducation et d'emploi.
- Apprenez à connaître les organisations qui appuient les vétérans.
- Créez des contacts avec d'autres intervenants en développement de carrière qui pourront vous transmettre de l'information ainsi que des pratiques exemplaires utilisées auprès des militaires en transition.
- Participez à des événements ou à des activités à l'intention des militaires en transition afin de garder vos connaissances à jour.

***

Maintenant que nous avons une bonne idée d'ensemble de la transition des militaires vers un emploi civil, ce que nous n'avons pas encore abordé – et qui est important, par expérience – c'est que bien que nos clients puissent être impatients de trouver un travail, la nécessité d'effectuer des études ou une formation complémentaires, ou encore des défis mentaux ou physiques s'interposent parfois entre eux et leur objectif. Nous savons également que nous n'avons pas toutes les connaissances requises pour toutes les situations. C'est pourquoi nous nous efforçons de nous maintenir à jour au sujet des programmes, des prestataires de service, des initiatives, des outils et des stratégies. Nos connaissances sont l'un de nos meilleurs atouts.

Passons maintenant au chapitre suivant. Nous y explorerons quelques moyens d'aider nos clients à surmonter les obstacles d'une transition vers un emploi civil.

PRINCIPAUX ÉLÉMENTS D'APPRENTISSAGE

★ Les clients militaires en transition ont besoin d'aide pour clarifier leurs objectifs, déterminer leurs compétences, rédiger leur curriculum vitæ, se préparer aux entrevues et savoir où trouver du travail. Et ils doivent être prêts à faire le changement.

★ Il existe de nombreux programmes et services d'aide à l'emploi et de transition de carrière offerts aux vétérans en transition afin de les aider à chercher et à trouver du travail dans divers secteurs professionnels.

★ Il est important que les intervenants en développement de carrière se familiarisent avec les services offerts; et qu'ils complètent si possible les ressources disponibles sans les chevaucher.

PARTIE III

Éducation et formation

Crédit photo : Caméra de combat des Forces canadiennes, MND

« Abordez chaque vétéran à sa juste valeur. Pas comme un blessé ambulant. Traitez-le comme un être humain. Pas comme une victime. »

— **Le militaire**

PROFIL D'UN VÉTÉRAN

« Reprenez-vous en main »

La transition militaire de Blake, depuis son départ en 2019, a été un processus long, épuisant, itératif et éducatif. La leçon qu'il a tirée de ces hauts et de ces bas est qu'il faut savoir laisser le passé derrière soi et se reprendre en main.

Blake a rejoint les FAC à l'âge de 19 ans en tant que sapeur de combat dans les forces régulières. Originaire d'une ville rurale de l'ouest du Canada, les FAC semblaient être le seul choix logique compte tenu de ses mauvaises notes et du fait qu'il avait commencé à s'attirer toutes sortes d'ennuis. Son père lui a posé un ultimatum. Il s'est donc engagé, conscient des avantages : la sécurité de l'emploi, l'absence d'exgience de notes exceptionnelles et la promesse d'une pension. Il a quitté les Forces en 2019, après avoir servi près de 31 ans, et avoir atteint le grade d'adjudant-maître dans les Forces spéciales.

Il aurait pu quitter les FAC plus tôt si l'emploi qu'il avait accepté après 10 ans de service avait fonctionné. Trop de déménagements, l'éloignement de la famille plus de 200 jours par an, des tensions conjugales, trois enfants, un gel des salaires et la possibilité de gagner beaucoup d'argent dans le cadre du boom pétrolier de l'Alberta sont autant de facteurs qui ont contribué à son départ. Mais une semaine après avoir commencé son nouvel emploi, l'industrie pétrolière s'est effondrée et il s'est retrouvé au chômage.

Il lui a fallu un an de petits boulots ici et là avant d'être réintégré dans le service en 1999. Blake a repris le même travail qu'au moment de son départ, mais dans une autre unité, puis il a été démobilisé pour raisons médicales en 2019. Il admet qu'il serait resté plus longtemps s'il n'avait pas été diagnostiqué comme souffrant d'un trouble de stress post-traumatique et d'une lésion cérébrale post-commotionnelle.

« Il existe trois catégories de démobilisation », explique Blake, « la démobilisation médicale, la retraite ou lorsque vous en avez assez. Chacune d'entre elles présente des nuances différentes et dépend de la Force dans laquelle vous êtes – l'armée de terre, la marine, la Force aérienne ou les Forces spéciales. »

Blake admet qu'il n'a pas bien géré la transition. Au moment de sa démobilisation pour raisons médicales, il s'est senti sans soutien, déconnecté et sans responsabilité. Tout ce qu'il avait à faire, c'était de téléphoner une fois par semaine au Centre de transition. « J'ai complètement perdu mon identité. »

Alors remarié, sa femme lui a « mis un bon coup de pied au cul ». Elle lui a rappelé que l'armée ne lui devait rien et qu'il devait se ressaisir et reprendre sa vie en main.

Pendant la période grise de sa transition, Blake a été rappelé dans les Forces spéciales en tant que coordonnateur des blessures liées au stress opérationnel. Il a été chargé d'interroger des collègues sur les obstacles rencontrés pendant la transition et de rédiger un rapport. Cela l'a aidé à cheminer vers la guérison. « C'était une bonne chose pour moi. J'ai apprécié de pouvoir revenir avant mon vrai départ. »

Depuis son départ, Blake a obtenu une certification en mentorat, a suivi quatre semestres d'études universitaires, a mené de nombreuses entrevues d'information, créé un profil LinkedIn et occupé de nombreux emplois par le biais de ces entrevues – adjoint de direction, formateur en santé et sécurité, et son rôle actuel à temps plein dans le domaine de la sécurité et du déploiement de la construction. C'est un rôle qui le met au défi chaque jour, qui est bien rémunéré et qui l'a conduit sur la voie de l'individualisation. Pour lui, la clé de l'obtention d'un emploi a été le réseautage et l'établissement de relations avec d'autres vétérans qui avaient réussi leur transition.

Après sa carrière de sous-officier, Blake a passé du temps à se réformer et à se familiariser avec le marché du travail civil. En effet, bien qu'il disposait d'un curriculum vitæ étoffé avec des expériences et des distinctions impressionnantes, il n'avait que peu de qualifications civiles. Blake a rapidement découvert qu'à moins de trouver un lieu de travail où une personne filtre les CV en les lisant, il avait peu de chances d'être remarqué parmi les autres candidatures électroniques.

Cependant, le processus de découverte de soi a pris encore plus de temps. « Je n'ai jamais été une personne à part entière. Je n'ai jamais su qui j'étais réellement. À l'époque où j'ai grandi dans l'armée, il n'était pas facile de parler de ses émotions. Il m'a fallu un an pour dire tout haut que j'étais en colère.

J'étais tellement immergé dans ma vie passée qu'il m'a fallu un certain temps pour m'en défaire. »

Et ce fut la partie la plus difficile de son adaptation à la transition. « L'individualisation. Laisser le passé derrière soi. Me rendre compte que l'armée ne me définissait pas. C'était mon emploi et mes accomplissements. »

Blake a énormément lu. Tout ce qui pouvait l'aider à se remettre de ses émotions et à accepter sa nouvelle vie, il le dévorait. (Voir ci-dessous les livres et ressources qu'il recommande.)

Le conseil de Blake aux militaires en transition?

- ✓ Pendant que vous êtes encore dans les Forces, allez vous former dans un domaine que vous pourrez envisager après avoir quitté les FAC.
- ✓ Lorsque vous cherchez un emploi civil, soyez attentif aux valeurs de l'entreprise avec laquelle vous souhaitez travailler.
- ✓ Faites du réseautage! Qu'il s'agisse de vétérans ou de simples citoyens, on ne sait jamais où ces relations peuvent vous mener.
- ✓ Laissez l'armée derrière vous. « Une fois que j'ai lâché prise et que je me suis repris en main, j'ai pu prendre le contrôle de ma transition et de ma réintégration afin de façonner mon avenir avec les valeurs que j'ai héritées de l'armée. »
- ✓ Rédigez votre propre intention de commandant. « Une fois que l'on se rend compte que l'on rédige sa propre intention de commandant [énoncé de mission du commandant] pour soi-même, ça devient important. »
- ✓ Autorisez-vous à faire votre deuil. « Il y a un deuil à faire – du temps perdu, des amis perdus… Accordez-vous le temps de faire votre deuil. C'était difficile pour moi, mais c'était indispensable que je passe par là. »

Blake fait part, en guise de dernières paroles, une réflexion de sa femme qu'il a dû appliquer avec humilité, assumant ses erreurs et se réconciliant avec son passé : « Écouter, c'est réparer. » C'est son nouveau tatouage en bas du dos – et son nouvel énoncé de mission.

Livres et ressources recommandés

- *Beyond the Military: A Leader's Handbook for Warrior Reintegration* – Jason Roncoroni et Shauna Springer

- *La communication NonViolente au quotidien* – Marshall B. Rosenberg
- *Vaincre la codépendance* – Melody Beattie
- *La voie de l'homme révélé* – David Deida
- *Les vrais leaders se servent en dernier* – Simon Sinek
- *Commencer par le pourquoi* – Simon Sinek
- *Osez avec audace* – Brené Brown
- *I Don't Want to Talk about It* – Terrence Real
- Treble Victor – https://treblevictor.org (Les membres reçoivent un document d'aide à la transition très utile)

CHAPITRE 8

Éducation et formation – Besoins et ressources

CONTENU DU CHAPITRE

- Ressources pour sensibiliser les employeurs à l'embauche des vétérans
- Les établissements offrant des crédits pour la formation et les programmes militaires
- Raisons pour lesquelles les militaires en transition devraient utiliser les services de transition des FAC et d'ACC

Sensibiliser les employeurs

Il a été noté précédemment que les mythes et les idées fausses des employeurs sur les militaires peuvent devenir un obstacle à la transition. Des organisations comme GT FAC et Anciens Combattants Canada ont pour mandat de représenter et de défendre les intérêts des vétérans dans ce domaine. Plus précisément, les FAC encouragent le perfectionnement des études dans le cadre de l'évolution professionnelle au cours de la carrière militaire.

En octobre 2023, le Comité permanent des anciens combattants a publié le rapport sur la Stratégie nationale pour l'emploi des vétérans, commandé par le Premier ministre Justin Trudeau. La recommandation 23 stipule : « Que le gouvernement du Canada, dans le cadre de l'élaboration de sa stratégie nationale pour l'emploi des vétéran•e•s, favorise le dialogue entre les employeurs et les vétéran•e•s afin de favoriser la compréhension et le respect mutuels[58]. »

La Stratégie pour l'emploi des vétérans, annoncée en juin 2024, « fournit une feuille de route complète pour soutenir l'emploi des vétérans et des vétéranes en tirant parti de leurs aptitudes uniques… C'est pourquoi nous sommes déterminés à faire en sorte que chaque vétéran et chaque vétérane ait la possibilité de trouver un emploi intéressant[59]. » Il s'agit notamment d'établir des relations avec les employeurs des secteurs public et privé afin de les sensibiliser aux compétences que les vétérans apportent sur le lieu de travail. Il convient également de noter que, selon les données du recensement de 2021, près de 33 % des vétérans font partie du groupe d'âge principal des 25-54 ans, et qu'ils sont prêts à avoir un impact sur la main-d'œuvre canadienne. C'est un message que les employeurs doivent entendre.

Les intervenants en développement de carrière et les prestataires de services connexes peuvent faire entendre leur voix pour défendre les qualités exceptionnelles que ces militaires apportent aux carrières civiles. **Challenge Factory**, par exemple, a réalisé un travail de premier ordre à cet égard et a développé trois ressources destinées spécifiquement aux employeurs.

1. ***The Canadian Guide to Hiring Veterans*** (en anglais seulement) est une publication facile à utiliser pour aider les employeurs à trouver, à embaucher et à conserver des vétérans. Elle est téléchargeable gratuitement au format PDF et disponible à l'achat en livre broché. Elle comprend :

    - Des outils pratiques et réutilisables pour faciliter le recrutement, l'embauche et l'intégration, y compris une liste de vérification pour l'embauche, un guide d'entrevue, un cadre d'intégration, etc.

    - Des explications qui brisent les mythes sur les vétérans dans le monde du travail, grâce à des scénarios d'embauche réalistes, afin de faire comprendre pourquoi un vétéran devrait être la prochaine recrue d'un employeur.

    - Un apprentissage basé sur des preuves issues de la recherche de Challenge Factory sur l'impact de l'utilisation des ressources d'embauche des vétérans et sur la façon dont les vétérans agissent réellement dans les lieux de travail civils.

    - Des ressources rassemblées en un seul endroit pratique pour aider les employeurs à être favorables à l'embauche des vétérans.

2. **MasterClass in Hiring** (https://www.centreforcareerinnovation.ca/courses/Hiring-Veterans-MasterClass) est un cours en ligne qui

fournit aux employeurs une feuille de route pour exploiter le réservoir de talents cachés que constituent les vétérans du Canada.

- Cinq modules d'apprentissage s'appuient sur les conseils et les leçons de la publication *The Canadian Guide to Hiring Veterans*, qui est un modèle permettant aux employeurs de créer leur propre plan d'action en matière d'embauche, et la conception du cours permet aux employeurs de choisir leur propre parcours d'apprentissage. La MasterClass se concentre sur l'évolution de la culture et des capacités organisationnelles, y compris l'apprentissage de la gestion de carrière, afin que les employeurs puissent trouver, embaucher et conserver des employés de qualité.

- Les employeurs qui suivent la MasterClass reçoivent un certificat d'achèvement, un badge « Veteran Ready » et une boîte à outils pour leur matériel de marketing, ainsi qu'une mention sur la page des employeurs prêts à accueillir les vétérans du site Web de Challenge Factory : https://www.centreforcareerinnovation.ca/pages/veteran-ready.

3. Le **glossaire des termes relatifs à la transition d'une carrière militaire dans le domaine civil** (https://community.challengefactory.ca/dictionary/), disponible en anglais seulement, fournit des définitions claires des termes utilisés dans les contextes militaires et de développement de carrière. En facilitant l'accès à la terminologie essentielle, le glossaire permet à chacun de s'y retrouver dans la complexité du langage militaire et de mieux comprendre la transition de carrière.

Sensibiliser les éducateurs et les formateurs

Bien que plusieurs universités et collèges communautaires canadiens proposent un plan d'évaluation et reconnaissance des acquis (ERA)[60], chaque établissement dispose d'un ensemble de règles différentes à ce sujet. Leurs services d'ERA sont parfois difficiles à trouver, et ce qui est offert ne réduit pas beaucoup le temps nécessaire à l'obtention d'un diplôme.

Qu'en est-il alors, par exemple, de notre soldat d'infanterie qui est en transition et qui envisage une nouvelle carrière? Supposons qu'il réussisse à se faire embaucher par une entreprise pour un poste basé uniquement sur ses états de service militaire. Est-ce que l'absence de diplôme l'empêchera de progresser au sein de cette entreprise? Et s'il décide, après quelques années au sein de cette entreprise, de chercher un autre emploi, est-ce que le problème du « manque » de formation ressurgira ? Ces questions illustrent certains défis pédagogiques qu'un vétéran non préparé pourrait rencontrer.

Le Consortium des campus connectés pour les militaires, les vétérans et leur famille du Canada (CCCMVFC)[61] montre un potentiel significatif pour soutenir les communautés militaires et des vétérans. Il vise à devenir un centre de ressources complet pour les vétérans, les militaires et leurs familles, en offrant un accès simplifié aux ressources et possibilités éducatives. Grâce à des symposiums, à des ressources de formation, à des consultations et à des actions de sensibilisation, le consortium se consacre à la résolution des problèmes éducatifs auxquels sont confrontés les militaires, les vétérans et leurs familles en raison de leur service. (Voir au chapitre 12 une liste des institutions participantes et leurs offres).

Les militaires ayant de l'expérience dans un **métier spécialisé** comme ceux de plombier, de cuisinier, de technicien à l'entretien et à la réparation d'automobiles, d'électricien, de charpentier, de soudeur, de technicien en réfrigération, d'opérateur d'équipement lourd ou autre peuvent demander de passer les examens provinciaux ou territoriaux afin de recevoir leur certificat portant le Sceau rouge. De plus amples informations sur l'obtention de diplômes civils pour les métiers militaires sont disponibles à l'adresse suivante https://www.red-seal.ca/fra/others/dnd_2013_br.4ch.5r.2.shtml.

Toutefois, avant de s'engager dans des études ou une formation complémentaires, les membres des FAC en transition doivent déterminer ce qu'ils souhaitent faire après leur service et les qualifications nécessaires pour entrer et exercer dans ce domaine de carrière. Bien entendu, certaines professions des FAC ne correspondent à aucun rôle civil, et même pour celles qui ont une correspondance, le militaire en transition peut vouloir envisager un changement de carrière. Nous pouvons non seulement aider les militaires à s'informer sur les carrières, mais aussi sur le système éducatif civil, sur les conditions d'admission dans les CEGEP, les universités ou les écoles professionnelles, et sur la manière de s'y orienter.

Nous pouvons également partager nos connaissances sur les services offerts aux militaires et sur les avantages auxquels ils peuvent prétendre. Les vétérans des FAC ont notamment accès à l'**Allocation pour études et formation** (AEF) d'Anciens Combattants Canada, qui peut atteindre 48 275 $ pour les vétérans ayant servi entre 6 et 12 ans, et 96 550 $ pour ceux qui ont servi 12 ans et plus[62]. Cette prestation peut être utilisée pour aider à payer les frais de scolarité, le matériel de cours, les frais de subsistance et d'autres dépenses liées à la formation. Il est conseillé de consulter le site Web d'ACC pour connaître les montants de financement à jour et les conditions d'admissibilité[63].

Services de transition des FAC

L'accès aux Services de transition des FAC devrait être une priorité pour les militaires en transition bien avant qu'ils ne quittent le service. Ces services les préparent à la réussite en leur fournissant les informations nécessaires sur la gamme de services et d'avantages disponibles pour faciliter une transition réussie vers la vie et la carrière civiles. Comme indiqué précédemment, les Services de transition des FAC proposent un certain nombre de services, dont les suivants :

- **Ma transition 101** – Ce service de formation fournit les informations, le soutien et les outils nécessaires pour planifier la vie après le service militaire. Une deuxième unité de formation est prévue pour les militaires qui sont confrontés à des problèmes de santé psychologique ou mentale. Elle comprend des leçons sur l'identité, les émotions et le corps et l'esprit.

- **Séminaires Ma transition** – Ces séminaires visent à préparer le militaire à comprendre les impacts psychologiques de la transition ainsi qu'à se préparer financièrement et administrativement à la démobilisation.

- **Ateliers de transition** – Organisés dans les escadres ou les bases à travers le pays, ces ateliers de deux jours portent sur l'évaluation des intérêts et des compétences, ainsi que sur les techniques d'entrevue et de recherche d'emploi.

- **Séminaires sur la planification à long terme** – Les sujets abordés comprennent la planification financière et budgétaire, l'achat de maisons, l'hypothèque, le testament et la planification successorale, les pensions et les avantages sociaux, ainsi que le perfectionnement des études. Les membres des FAC sont encouragés à y participer au cours de leurs 10 premières années de service.

- **Orientation professionnelle ou pédagogique individuelle** – Des consultations individuelles sont offertes sur des sujets tels que les transferts en cours de service, le perfectionnement des études, les avantages du remboursement des études, l'aide à la recherche d'emploi et les recommandations en matière de réadaptation professionnelle.

Services de transition d'ACC

Les Services de transition des FAC devraient s'assurer que les militaires en transition entrent en contact avec Anciens Combattants Canada. Ils pourront accéder à une série de programmes de réadaptation et d'assistance professionnelle destinés aux vétérans, afin de les aider à atteindre leurs objectifs de carrière. Un vétéran peut bénéficier de programmes de réadaptation professionnelle qui comprennent une évaluation de ses capacités et aptitudes tout en tenant compte de son éducation, de sa formation, de son expérience et des limites imposées par les problèmes de santé. En travaillant avec un spécialiste en réadaptation formé à la réadaptation professionnelle, le vétéran peut explorer des objectifs professionnels réalisables tout en apprenant à vivre avec ses blessures. Des services de reconversion et de préparation à l'emploi sont également disponibles et suivis avec l'aide d'un gestionnaire de cas d'ACC.

Les efforts doivent se poursuivre

La Commission de la fonction publique, Anciens Combattants Canada et d'autres organismes gouvernementaux adjacents ont pour mandat d'embaucher un certain pourcentage de vétérans des FAC et de leurs conjoints ou partenaires, et ont pris un tel engagement. Il reste encore beaucoup à faire pour inciter les petites et moyennes entreprises du secteur privé à embaucher des vétérans. En outre, des critères de reconnaissance cohérents pour les acquis, les compétences et l'expérience (que le CCCMVFC est en train d'élaborer) faciliteront certainement la transition entre l'armée et l'enseignement civil.

L'accent mis par la [Stratégie nationale d'emploi pour les vétérans et les vétéranes](...) sur l'établissement de partenariats de confiance englobe les établissements d'enseignement postsecondaire. Avec le temps, cette action devrait donner de bons résultats.

PRINCIPAUX ÉLÉMENTS D'APPRENTISSAGE

★ La défense de l'emploi des vétérans auprès des employeurs doit être une préoccupation constante.

★ Plusieurs établissements d'enseignement un peu partout au pays offrent des crédits pour l'expérience militaire.

★ Des attestations provinciale et territoriale sont offertes aux militaires exerçant un métier spécialisé.

★ Les Services de transition des FAC et d'ACC disposent d'informations essentielles qui peuvent aider les militaires et les vétérans en transition à planifier leur emploi et à poursuivre leurs études ou leur formation.

PARTIE IV

Les FAC en tant qu'employeur

Crédit photo : Caméra de combat des Forces canadiennes, MND

PROFIL D'UN VÉTÉRAN

« Quelque chose que j'ai toujours voulu faire »

À l'âge de 12 ans, Alberto a rejoint les cadets. L'ordre et la structure semblaient l'attirer. Comme sa famille vivait à proximité de l'une des bases de la Force aérienne des FAC, il voyait toujours les avions effectuer leurs manœuvres et rêvait de voler un jour.

À 18 ans, Alberto a rejoint les FAC. Bien que la Force aérienne soit son rêve, la marine était celle où l'on avait le plus besoin de personnel à l'époque et c'est là qu'il a servi pendant six ans avant de poser sa candidature à la Force aérienne. Un peu moins de 39 ans plus tard, il a pris sa retraite en tant qu'adjudant-chef, le grade le plus élevé au sein des militaires du rang. Son épouse a également servi pendant 36 ans.

Démobilisé depuis 2021, Alberto estime que sa transition a été planifiée et délibérée. « Nous savions que nous approchions de cette étape », se souvient-il. « Toutes les décisions que nous prenions visaient à nous préparer. Huit ans auparavant, nous avons commencé à la planifier. Nous avons assisté à un séminaire du Service de préparation à une seconde carrière (SPSC) et avons appris ce à quoi nous devions penser et ce que nous devions examiner. Nous savions ce que nous allions recevoir comme pension et que nous n'aurions pas besoin de chercher un autre emploi après notre départ à la retraite. »

Avant de prendre sa décision finale, Alberto a passé une entrevue pour un poste supérieur au sein des FAC. « Lorsque vous atteignez le rang d'adjudant-chef, il n'y a pas beaucoup d'autres options pour continuer à servir. » Sa femme et lui ont donc décidé à l'avance que s'il ne parvenait pas à obtenir ce poste, ils partiraient. Et c'est ce qu'ils ont fait lorsque quelqu'un d'autre a été sélectionné à ce poste.

Reprendre contact avec la famille et les amis était l'un des principaux objectifs après la retraite. Aujourd'hui, Alberto et sa femme pratiquent la pêche en hiver et en été, jouent au hockey trois fois par semaine, courent fréquemment, jouent au golf et siègent au conseil d'administration de leur club de golf. En tant que détenteurs de billets de saison, ils aiment également regarder leur équipe de hockey junior majeur préférée. « Nous en profitons. Nous sommes presque aussi occupés que lorsque nous étions dans l'armée, mais maintenant, c'est notre choix. »

Lorsqu'on lui demande ce qui lui manque le plus dans la vie aux FAC, Alberto est catégorique : les gens. « Au fil du temps, on forme une famille avec ses amis militaires, comme cela a été notre cas avec d'autres militaires de qui nous étions proches. » Il a été difficile de les quitter, mais ils sont restés en contact avec ceux qui sont leurs amis.

Les journées de travail bien remplies, le fait d'en faire plus avec moins de personnes, et les réunions nombreuses et incessantes ne lui manquent pas. Sa plus grande adaptation à la vie civile a été le rythme bien différent. Il est passé d'une situation où il était sans cesse occupé et en voyage à une situation où il était occupé par choix dans un endroit très calme – loin de la ville, près de l'eau, entouré par la nature.

Alberto offre ces quelques conseils précieux à ceux qui cherchent à se reconvertir :

- ✓ « N'entamez pas votre transition sur un coup de tête. Assurez-vous d'être prêt financièrement et de savoir ce que vous voulez faire. Planifiez-le à l'avance. »
- ✓ Sachez quand le moment est arrivé. J'ai accepté d'être mentor dans le cadre du Programme des cadres exécutifs après avoir officiellement pris ma retraite et je l'ai fait pendant deux ans. Je me sentais redevable envers l'institution et il était important pour moi de donner un peu en retour. Une fois les deux années écoulées, j'ai estimé que c'était suffisant. Il est important de savoir quand il est temps de partir.
- ✓ Préparez-vous à ce que les choses prennent plus de temps lorsque vous n'êtes plus dans l'armée. Par exemple, lorsque nous étions en uniforme et que nous étions malades, nous nous rendions immédiatement à la salle d'examen médical et nous étions soignés. Aujourd'hui, il faut du temps pour trouver un médecin et obtenir des rendez-vous.

Alberto exprime sa reconnaissance d'avoir fait partie de l'équipe de direction de la Force aérienne. Pour lui, c'était une bénédiction. « Je voulais jouer un rôle et avoir un impact sur le changement de culture opéré par la Force aérienne, ainsi que sur l'importance de l'inclusivité. »

Mais il n'a pas de regrets! « L'occasion que j'ai eue de servir notre grand pays a été une expérience formidable et si gratifiante, et je suis très fier de cette carrière. »

CHAPITRE 9

Recrutement, intégration, prestations et vie militaire

CONTENU DU CHAPITRE
- Une variété de carrières
- La proposition de valeur
- Exigences
- Façons de servir
- Salaire et avantages sociaux

D'après les données du recensement de 2021, 97 625 Canadiens ont été recensés comme travaillant pour les Forces armées canadiennes[64]. C'est en effet un gros employeur!

Groupes professionnels

Plus de 100 carrières uniques existent au sein des FAC, qui regroupent la Force aérienne, l'Armée et la Marine, offrant de nombreuses possibilités de servir et de voir le monde[65]. Ce qui est peut-être inattendu, c'est l'éventail des carrières professionnelles et des métiers spécialisés que l'on n'associe généralement pas à l'armée : musiciens, travailleurs sociaux, personnel médical, officiers des affaires publiques, physiothérapeutes, dentistes, pompiers, policiers, métiers spécialisés, joueurs de cornemuse, aumôniers et pharmaciens, pour n'en citer que quelques-uns.

Quel que soit le niveau d'éducation et de formation d'une personne (secondaire 4, 10e année, diplôme professionnel ou universitaire), les FAC offrent des possibilités de servir et de travailler à temps plein ou à temps partiel. On peut s'engager pour servir dans la Force régulière ou dans la Force de réserve. Les exigences diffèrent en fonction de la filière choisie – officiers ou militaires du rang (MR).

La proposition de valeur des FAC

En reconnaissance des contributions distinctes apportées par ceux qui servent le Canada, l'offre des Forces armées canadiennes (FAC) a été établie pour veiller à ce que tous ses militaires soient reconnus comme il se doit. Cette offre comprend un ensemble d'avantages compétitifs destinés à attirer de nouveaux membres et à fidéliser les militaires en service.

- **Développement de carrière** : L'offre des FAC comprend des outils, l'instruction et des cours pour aider les membres à développer leur carrière au sein des FAC. Cet élément garantit que les militaires ont accès à un perfectionnement professionnel continu et à des occasions de croissance.

- **Rémunération** : L'élément « rémunération » prévoit une rémunération compétitive et des indemnités supplémentaires qui augmentent au fur et à mesure que les militaires progressent dans leur carrière militaire. Cela permet de garantir que les militaires sont rémunérés équitablement pour leurs services et leur dévouement.

- **Prestations** : L'élément « Prestations » englobe un large éventail de services, notamment les prestations médicales, dentaires, d'invalidité, d'invalidité pour des blessures, d'éducation, de congé et autres prestations liées au service. Ces prestations sont conçues pour soutenir la santé et le bien-être des militaires et de leurs familles.

- **Équilibre entre vie professionnelle et vie privée** : L'élément vie professionnelle et vie privée incarne une stratégie globale de bien-être qui comprend un soutien à la santé mentale, spirituelle, financière, physique et au bien-être en général. Cette approche globale vise à maintenir les militaires et leurs familles en pleine forme, en veillant à ce qu'ils puissent équilibrer efficacement leur vie professionnelle et personnelle.

S'enrôler : le cheminement pour devenir un militaire des Forces armées canadiennes (FAC)[66]

Pour pouvoir s'enrôler en tant que militaire du rang, une personne doit répondre à ces conditions minimales :

- ✓ Être citoyen canadien (ou résident permanent pouvant demander la citoyenneté canadienne) de bonne réputation;
- ✓ Être âgé d'au moins 17 ans (avec consentement parental). Tout candidat, quel que soit son âge, doit être en mesure de suivre l'instruction obligatoire et d'effectuer au moins une période de service (trois ans) avant d'atteindre l'âge de retraite obligatoire, établi à 60 ans;
- ✓ Avoir réussi au moins sa quatrième année du secondaire (10e année) ou avoir obtenu au moins 24 crédits de secondaire 4 (Québec);
- ✓ Être admissible à l'obtention d'une cote de sécurité.

Pour s'enrôler en tant qu'officier, le candidat doit :

- ✓ Être citoyen canadien (ou résident permanent pouvant demander la citoyenneté canadienne) de bonne réputation;
- ✓ Être âgé d'au moins 16 ans (avec consentement parental). Tout candidat, quel que soit son âge, doit être en mesure de suivre l'instruction obligatoire et d'effectuer au moins une période de service (trois ans) avant d'atteindre l'âge de retraite obligatoire, établi à 60 ans;
- ✓ Avoir terminé le secondaire 5 (Québec), ou la 12e année et être titulaire d'un baccalauréat ou travailler en vue de l'obtenir.

En outre, le candidat doit posséder une aptitude à l'apprentissage, être motivé pour servir dans les FAC, incarner des valeurs, des attitudes et des caractéristiques propres au service dans les FAC et posséder des compétences pertinentes.

Les candidats peuvent choisir de servir dans la Force régulière (à temps plein en continu), la Force de réserve (à temps partiel non continu) ou les Forces spéciales (à temps plein continu sur demande du Gouverneur en conseil). Les candidats intéressés sont invités à communiquer avec un centre de recrutement (https://forces.ca/fr/trouvez-un-centre-de-recrutement/) pour en savoir plus sur les options, les exigences et les exceptions.

Il convient de noter qu'il existe une option d'enseignement coopératif pour les élèves du secondaire, qui peuvent intégrer les FAC au cours du deuxième semestre de leur année scolaire[67]. Les étudiants peuvent obtenir jusqu'à deux crédits d'études secondaires en s'entraînant avec une unité de la Réserve de l'Armée des Forces armées canadiennes. Au cours de cette instruction élémentaire du programme d'enseignement coopératif, qui se déroule à Toronto, l'étudiant est sur le terrain pendant plusieurs jours et n'a que peu ou pas de contact avec sa famille, son foyer ou ses amis, tout en apprenant les techniques de travail en équipe, les premiers soins, les connaissances militaires et bien d'autres choses encore. Le programme se déroule de février à juin. Après avoir terminé le programme d'enseignement coopératif, l'étudiant peut demander à continuer avec les FAC et compléter sa formation professionnelle, ou accepter l'offre d'un emploi d'été à temps plein.

Pour être admissible au programme d'enseignement coopératif de niveau secondaire, le candidat doit :

- ✓ Être citoyen canadien;
- ✓ Avoir obtenu un minimum de 15 crédits au cours de l'enseignement secondaire;
- ✓ Avoir 17 ans au début du deuxième semestre;
- ✓ Avoir un casier judiciaire vierge;
- ✓ Être apte médicalement;
- ✓ N'avoir eu aucun rapport avec des substances illégales au cours des 6 mois précédant sa candidature.

Est-ce pour moi?

- Si l'idée de s'engager à temps plein dans la Force régulière est décourageante, la Réserve offre la même possibilité de servir tout en poursuivant des études à temps plein ou en travaillant à temps plein dans le monde civil. Les réservistes peuvent demander à servir à temps plein pour une période déterminée. Notez que le site Web Emplois de la Réserve (https://mcsportal-portaillcm.forces.gc.ca/REO/fr/index.aspx) répertorie les postes actuellement disponibles au sein de la Force de réserve.
  - ○ La Marine propose un Programme Expérience de la Marine (PEM) qui permet de vivre la vie dans la Marine pendant un an avant de s'engager[68].

Faire carrière dans les FAC

Il y a cinq étapes à suivre pour faire carrière dans les FAC.

1. **Candidature** – Les documents à soumettre comprennent le certificat de naissance, une pièce d'identité avec photo, les relevés de notes, les qualifications professionnelles ou les licences professionnelles et tout autre document requis pour le domaine de carrière choisi. Si la formation a été obtenue à l'étranger, une équivalence canadienne doit être évaluée par l'Alliance canadienne des services d'évaluation de diplômes (https://canalliance.org/fr/).

2. **Contrôle de fiabilité** – Il s'agit de remplir des formulaires de contrôle de la fiabilité afin de s'assurer que le candidat peut se voir confier des informations de nature délicate. Les FAC vérifieront l'honnêteté de tous les formulaires soumis.

3. **Évaluation des aptitudes et de la personnalité** – Il existe un test d'aptitude qui permet de déterminer quel emploi militaire convient le mieux au candidat, bien qu'un essai en cours influence le moment où le test est effectué et la manière dont les résultats sont utilisés[69]. Les militaires du rang qui ont obtenu un diplôme (ou l'équivalent), un diplôme d'études supérieures figurant sur la liste des groupes professionnels militaires, qui satisfont aux exigences idéales pour le niveau d'entrée de la profession visée, ou qui atteignent un score suffisant sur le formulaire de candidature à l'emploi, sont admissibles à l'essai. Le contrôle dure une heure et évalue les aptitudes verbales, les capacités spatiales et les aptitudes à résoudre des problèmes équivalents à l'école secondaire. En outre, un inventaire de personnalité est inclus.

4. **Examen médical** – Il se déroulera en deux parties. La première partie consiste à remplir un questionnaire sur les antécédents médicaux du candidat, y compris les médicaments qu'il prend actuellement, suivi d'un examen physique visant à déterminer la taille, le poids, la vision, la perception des couleurs et l'ouïe. La deuxième partie consiste à examiner le dossier médical du candidat afin de déterminer s'il présente des limitations susceptibles d'avoir un impact sur la formation ou la carrière.

5. **Entrevue** – Menée par un conseiller en carrières militaires, l'entrevue constitue l'entrevue d'embauche officielle du candidat. Les questions portent sur les antécédents professionnels, la connaissance des FAC et la compréhension du poste pour lequel le candidat postule. L'entrevue sert à déterminer l'adéquation d'une personne avec le poste et l'environnement de travail idéal.

Recrutement, intégration, prestations et vie militaire

Instruction élémentaire

Après leur enrôlement dans les FAC, tous les militaires doivent suivre l'instruction élémentaire à l'École de leadership et de recrues des Forces canadiennes, située au Québec. Cette qualification militaire de base des officiers (QMB(O)), d'une durée de neuf semaines, est conçue pour développer les aptitudes au travail en équipe, la condition physique, le comportement professionnel et les compétences militaires de base. L'entraînement physique comprend le levage de sacs de sable, la traction de sacs de sable, la course précipitée sur une distance de 20 mètres et la course navette intermittente avec charge. Une journée d'entraînement typique commence à 5 heures du matin, se termine entre 18 et 19 heures et est suivie de 2 à 3 heures de préparation en soirée pour le jour suivant.

Salaire et avantages sociaux

Conformément à la proposition de valeur mentionnée plus haut, les FAC offrent des salaires compétitifs. Les salaires de départ sont conformes à ceux des carrières équivalentes dans le secteur privé. Une nouvelle recrue arrivée par enrôlement direct dans la Force régulière peut gagner entre 3 614 et 5 304 $ par mois[70]. Les salaires des militaires sont basés sur leur groupe de paie, leur grade et leurs années de service. (Remarque : il s'agit d'un autre domaine dans lequel les vétérans peuvent avoir besoin de notre aide. En effet, puisqu'ils n'ont jamais eu à négocier leurs salaires, ceux-ci étant fixés à l'avance, ils risquent de ne pas savoir comment s'y prendre lorsqu'ils passeront dans le secteur privé. En fait, ils ne sont peut-être même pas conscients qu'il s'agit d'une compétence essentielle à acquérir et à utiliser.)

Une rémunération de spécialité est prévue pour certaines professions.

Les avantages sociaux comprennent quatre semaines de vacances annuelles pour commencer et plusieurs programmes de formation rémunérés. Les militaires peuvent bénéficier d'un programme d'études subventionnées dans quatre catégories principales[71] :

1. **Programme d'instruction et d'études subventionnées à l'intention des militaires du rang (PIESMR)** – Offre une instruction rémunérée à temps plein pour des études liées à des emplois militaires. Ce programme est ouvert à tous les militaires du rang (mais pas aux officiers) – marins, soldats et aviateurs.

2. **Programme de formation des officiers de la Force régulière (PFOR)** – Ce programme permet d'obtenir une commission d'officier ainsi qu'un diplôme de premier cycle. Les diplômes peuvent être obtenus au Collège militaire du Canada ou dans une autre université canadienne. Les officiers sont des dirigeants, des planificateurs, des décideurs et des gestionnaires et ils doivent être titulaires d'un diplôme universitaire.

3. **Programme d'initiation au leadership à l'intention des Autochtones** – Ce programme de formation préparatoire d'un an est ouvert aux peuples autochtones du Canada par l'intermédiaire du Collège militaire royal de Kingston, en Ontario. Après avoir terminé ce programme, le candidat peut s'inscrire au Collège militaire royal dans un programme menant à l'obtention d'un diplôme.

4. Des **programmes spécialisés** sont proposés au premier et au deuxième cycles universitaires. L'instruction des médecins militaires s'adresse à ceux qui veulent devenir médecins, l'instruction des dentistes militaires s'adresse aux futurs dentistes et l'instruction en soins infirmiers/pharmacie aux futurs pharmaciens et infirmiers. En outre, des **Études subventionnées dans un programme de maîtrise au niveau d'entrée (ES-PMNE)** sont disponibles pour les aspirants kinésithérapeutes, travailleurs sociaux et aumôniers qui souhaitent servir dans les FAC.

Remarque : Après avoir obtenu un diplôme dans le cadre d'un programme d'études payé, un emploi est garanti dans le domaine d'études au sein des FAC. Deux mois de service sont requis pour chaque mois d'études payées.

En tant qu'intervenants en développement de carrière, nous sommes toujours à la recherche d'occasions d'emploi à recommander à nos clients. Et lorsque les résultats de l'évaluation d'un client montrent qu'il apprécie de travailler dans un environnement structuré et stable qui lui offre également la sécurité de l'emploi, une carrière au sein des FAC peut être l'option idéale, surtout si les intérêts et la personnalité du client correspondent également à cet environnement de travail.

PRINCIPAUX ÉLÉMENTS D'APPRENTISSAGE

★ Il existe une grande variété de carrières au sein des FAC, y compris des carrières inattendues.

★ Il faut avoir atteint au minimum le secondaire 4 (10ᵉ année).

★ L'instruction élémentaire met à l'épreuve la condition physique et mentale des candidats.

★ Il existe des moyens de vivre la vie militaire avant de s'engager.

★ Les FAC offrent des possibilités d'éducation et d'instruction payées, mais elles doivent être compensées par une période de service militaire.

LES COUPS DE CŒUR D'YVONNE :

◎ Le **programme d'éducation, d'expérience et d'équivalence des Forces armées canadiennes Éducation-Expérience-Équivalence (FAC 3E)** (https://caface-rfacace.forces.gc.ca/fr/index) permet à toute personne souhaitant s'enrôler dans l'armée de découvrir les crédits/reconnaissances qu'elle peut recevoir pour son éducation et son expérience antérieures.

PARTIE V

Besoins professionnels des conjoints/partenaires de militaires

Crédit photo : Caméra de combat des Forces canadiennes, MND

« Notre famille a connu quatre transitions en cinq ans. Je recommençais toujours à zéro. »

— **Elaine Piper**

PROFIL D'UN CONJOINTE

« Communauté, communication, respect »

Simone est titulaire d'une maîtrise en éducation des adultes et a été épouse de militaire pendant 10 ans. Avant que son mari ne décide de s'enrôler, Simone explique que sa vision de l'armée était pour le moins ambivalente. N'étant pas à l'aise avec les guerres agressives, elle s'est interrogée sur le type de personnes qu'elle allait rencontrer et côtoyer.

Avant de fonder leur famille, elle avait décidé qu'elle serait mère au foyer. Elle a obtenu sa maîtrise en éducation à la même époque que la naissance de son premier enfant. Le travail en dehors de la maison consistait en des causes et des projets auxquels elle croyait et qui la passionnaient. Elle a travaillé dans le secteur des organismes à but non lucratif et dans les arts textiles, a fait du bénévolat et a enseigné à des adultes le soir et la fin de semaine. Elle aimait son travail, et lorsque son mari a envisagé une carrière militaire, elle avait déjà vécu des interruptions de carrière par choix.

Elle se souvient des nombreuses discussions qu'elle a eues avec son mari avant qu'il ne s'enrôle. Leurs deux enfants avaient alors 7 et 9 ans. Son mari lui a clairement fait comprendre que si ce n'était pas quelque chose qu'elle voulait pour leur famille, elle n'avait qu'à lui dire non. Elle a vraiment apprécié ce choix!

La famille a donc déménagé de la côte ouest à l'est et s'est installée dans des logements militaires. La base se trouvait juste à côté de leur domicile, ce qui a permis à Simone d'apporter sa contribution par le biais du bénévolat et d'accéder facilement aux services. Bien qu'elle n'avait pas été confrontée à la barrière de la langue, l'adaptation a été importante. Son aînée admet qu'elle a eu beaucoup de mal à s'adapter à l'époque. Ils sont restés dans des logements militaires pendant sept ans.

Après trois ans en tant qu'épouse de militaire, Simone a décidé de chercher un emploi à temps plein et a décroché un contrat avec le gouvernement fédéral. Lorsque son mari a été déployé pour la première fois, elle a choisi de travailler à temps partiel et a obtenu un emploi d'employée de banque. Entre ces fonctions et le bénévolat, elle admet que la progression de sa carrière a été quelque peu freinée. Comment expliquer que ces rôles multiples ne s'inscrivent pas dans une trajectoire professionnelle cohérente? « Je pense que beaucoup de conjoints de militaires arrivent avec un grand bagage de formation, de connaissances, de capacités et de choses qu'ils peuvent offrir, mais beaucoup d'entre eux sont sous-estimés. Les employeurs semblent croire que parce qu'ils ont eu ces petits boulots, ils sont moins intelligents. »

Au cours des cinq dernières années, Simone a été fonctionnaire. « L'une des raisons pour lesquelles j'ai choisi de travailler dans la fonction publique est que je me suis dit que si nous devions déménager, j'aurais au moins une longueur d'avance en choisissant de travailler pour le gouvernement plutôt que de repartir de zéro. »

Contrairement à d'autres familles, ils n'ont pas déménagé. Bien que son mari se soit vu proposer des affectations ailleurs, ils ont défendu le maintien de la stabilité pour leur famille. Simone admet que les deux dernières années ont été difficiles pour sa famille et elle est reconnaissante d'avoir été proche des ressources nécessaires au sein de la communauté pendant cette période. Elle est toutefois convaincue que s'ils avaient dû déménager, ils auraient survécu.

Au fil des ans, Simone a pris conscience du rôle de l'armée, de son rôle essentiel dans l'intervention en cas de crise et de sa surexploitation. Elle reconnaît le sacrifice et le dévouement qu'il faut pour choisir cette vie, le fait que beaucoup de choses ont changé dans le monde au cours des dix dernières années, et le fait que les besoins des militaires dépassent les capacités de l'armée. Tous ces facteurs l'ont fait passer d'une attitude ambivalente à une plus grande appréciation.

Ensuite, il y a le sens de la cohésion, de l'entraide et de la collaboration de la part des militaires et de leurs familles. « Lorsque nos enfants étaient plus jeunes, chaque fois que j'avais besoin de quelque chose, quelqu'un intervenait immédiatement. Lorsqu'un déploiement se produit, il suffit d'envoyer un message sur le groupe de clavardage de la communauté pour que quelqu'un aille chercher du lait pour votre bébé ou vienne booster la batterie de votre voiture. »

En revanche, Simone estime que la vie militaire, en particulier les affectations fréquentes, a pour conséquence que certaines familles sont ballottées d'un bout à l'autre du pays sans que l'on se soucie des conséquences pour les partenaires et les enfants, qui ont parfois l'impression d'être des pions. La machine militaire ne tient pas toujours compte du fait que ces déménagements sont difficiles pour les conjoints et les enfants. Par exemple, les enfants peuvent avoir des besoins particuliers et la famille doit déménager dans une nouvelle communauté où les aides nécessaires pour les enfants n'existent peut-être pas, où les logements militaires ne sont pas disponibles et où les logements coûtent trop cher. Parfois, les conjoints et les enfants ne peuvent pas suivre.

Simone ne pense pas que son évolution de carrière ait été influencée de manière significative par le choix qu'a fait leur famille de poursuivre une carrière militaire. Elle admet que le fait de ne pas avoir eu de mutation et de pouvoir refuser certaines affectations l'a beaucoup aidée. Cependant, « dans l'ensemble, j'ai l'impression d'être arrivée là où j'en suis principalement grâce à mes propres capacités, à mon expérience et à mon état d'esprit. » Elle estime qu'elle disposait déjà des principaux ingrédients pour réussir en tant que conjointe de militaire – la résilience, la prise en charge de sa propre vie et le fait de n'avoir aucune difficulté à demander de l'aide.

Elle partage ces conseils :

- ✓ N'ayez pas peur de demander de l'aide. Les ressources disponibles sont très utiles. N'hésitez pas à y accéder et à les utiliser. C'est à cela qu'elles servent.

- ✓ Sur votre CV, ne vous contentez pas de parler de vos compétences ou de vos emplois, mais mettez en avant votre ouverture d'esprit, votre adaptabilité, votre volonté d'apprendre et votre capacité à vous adapter aux changements.

- ✓ Au conjoint/partenaire en service, voici ses suggestions : « Il est essentiel d'établir une communication ouverte avec votre partenaire. Si la communication est bien établie et claire, les déceptions sont bien moindres. Discutez de l'impact de chaque déménagement sur la famille. » Le soutien du militaire est essentiel pour la personne restée au pays. Chacun est concerné par chaque déménagement. Respectez-vous mutuellement et communiquez.

- ✓ Aux employeurs de la fonction publique, elle dit : « La Commission de la fonction publique (CFP) peut accorder la même priorité aux conjoints qu'à l'embauche des vétérans. Ils n'ont peut-être pas de médailles à faire valoir, mais ils ont eux aussi joué leur rôle. »

CHAPITRE 10

Comprendre les besoins des conjoints et des familles des militaires

CONTENU DU CHAPITRE

- Les réalités de la vie des familles de militaires, et les répercussions sur les conjoints des militaires
- Caractéristiques des conjoints de militaires
- Faits et chiffres concernant les conjoints et familles de militaires

Les personnes qui font leur service en occupant des emplois visant la défense et la protection de nos droits personnels et civils profitent grandement du soutien de leur famille, de leurs mentors, de leurs réseaux de pairs et de leurs fournisseurs de services. Par contre, que savons-nous des membres de la famille, et particulièrement des conjoints civils qui s'acquittent de leurs tâches à la maison alors que leurs bien-aimés sont au service de leur pays?

Les réalités de la vie des familles de militaires

En novembre 2013, l'Ombudsman des FAC, M. Pierre Daigle, a présenté un rapport spécial au ministre de la Défense nationale[72]. Ce rapport a examiné comment se portaient les familles des membres des Forces armées canadiennes. Comme préambule aux résultats du rapport, M. Daigle a fourni d'importantes précisions contextuelles :

- Depuis 1990, le Canada s'est engagé dans des missions plus complexes et plus difficiles.
- La durée et la complexité de ces types de participation militaire ont été éprouvantes pour les familles.
- Il y a eu une augmentation du nombre de plaintes liées aux familles auprès du MDN et des FAC.

Les recherches ont porté sur les familles de 370 militaires des FAC actifs et récemment retraités. En général, les résultats indiquent que les familles (1) étaient très fières de contribuer à la mission des FAC et de faire en sorte que leur situation familiale soit harmonieuse malgré les difficultés inhérentes à la vie militaire; et (2) accordent de l'importance aux avantages inhérents à la vie familiale militaire, comme les possibilités de bilinguisme pour leurs enfants et la possibilité de vivre dans différents endroits. Les recherches ont par contre dévoilé que les déménagements et les déploiements entraînaient des perturbations et des pressions importantes au sein des familles.

C'est là qu'intervient Canada sans faille. Soutenir les besoins des familles des militaires en matière d'emploi est devenu l'une des priorités du Canada, et l'initiative Canada sans faille a été lancée par le MDN et les FAC en 2018 dans le but d'améliorer les services offerts aux membres des FAC et à leurs familles lorsqu'ils doivent se réinstaller dans une autre province ou un autre territoire. Il s'agit notamment de faciliter l'accès aux ressources provinciales et territoriales en matière d'emploi, de soins de santé et de garde d'enfants, qui peuvent être utilisées avant et pendant le déménagement. Sur la page web de Canada sans faille[73], il suffit de sélectionner la province ou le territoire où l'on va s'installer pour accéder immédiatement aux centres de ressources pour les familles des militaires de cette province, aux ressources en matière d'emploi des conjoints et partenaires, ainsi qu'aux services d'éducation, de garde d'enfants et de soins de santé.

Bien que ces mesures soient indispensables pour relever les défis de la vie militaire, cette vie est ce qu'elle est. De plus, les réalités suivantes sont constantes dans la vie des familles de militaires :

1. **Mobilité** : un déménagement tous les trois à cinq ans en moyenne au sein du Canada et à l'étranger et sur lequel elles ont peu ou pas d'influence.
2. **Séparation** : des séparations continuelles ou périodiques liées aux déploiements et à la formation.

3. **Risque** : le fait de vivre avec les dangers inhérents à la formation et au service militaires.

On pourrait alléguer que ces réalités ne sont pas propres aux familles des militaires. C'est vrai. Mais bien que plusieurs autres professions comportent l'un ou plusieurs de ces défis, très peu comportent *les trois*. En ce qui concerne la séparation et le risque, alors que le partenaire militaire travaille de longues heures, en déploiement ou en instruction, son conjoint est la personne responsable de garder l'unité familiale à flot et fonctionnelle. En moyenne, les familles de militaires déménagent trois fois plus souvent que la moyenne des familles canadiennes[74], ce qui peut exercer une pression supplémentaire sur le conjoint. Les trois réalités combinées entraînent souvent un cheminement professionnel moins conventionnel pour les conjoints de militaires.

La suite du présent chapitre mettra l'accent sur les conjoints des militaires : comment leur perfectionnement professionnel et leurs futurs emplois sont influencés par le mode de vie militaire, et comment les intervenants en développement de carrière peuvent les aider à atténuer certains de ces défis communs liés à l'emploi.

Les conjoints de militaires : caractéristiques et statistiques

Le profil des conjoints de militaires comporte une ou plusieurs de ces caractéristiques :

- Les conjoints de militaires sont un groupe talentueux d'individus. En raison de la nature du mode de vie militaire, les conjoints développent des qualités et des compétences qui sont très appréciées des employés : résolution de problème, souplesse, adaptabilité, pensée critique, organisation, résilience, gestion de projet, créativité et leadership.

- Les conjoints de militaires sont régulièrement confrontés à des défis pour trouver un emploi et faire progresser leur carrière, ce qui entraîne souvent des périodes de chômage ou de sous-emploi.

- Les déménagements fréquents peuvent limiter les occasions de formation professionnelle continue et rendre difficile l'accumulation d'ancienneté au travail.

- Lorsque les occasions se font rares, particulièrement au sein des communautés militaires éloignées, les conjoints de militaires acceptent

- souvent des emplois qui sont en deçà de leur niveau de compétence et d'études, limitant du même coup leur croissance et leur développement professionnel.
- Les conjoints de militaires font preuve d'une incroyable débrouillardise en recherchant des formations professionnelles continues ou des expériences de bénévolat en l'absence postes vacants.
- Les conjointes de militaires sont beaucoup plus susceptibles d'avoir un revenu d'emploi inférieur après un déménagement que celles qui n'ont pas déménagé[75].

Par ailleurs, voici également quelques éléments sur l'éducation et les diplômes des conjoints de militaires[76] :

- 62 % des conjoints de militaires ont fait des études postsecondaires, ce qui en fait un groupe très instruit.
- 25 % des conjoints de militaires exercent une profession réglementée, mais malgré l'existence de dispositions pancanadiennes sur la mobilité de la main-d'œuvre, les conjoints de militaires se heurtent toujours à des obstacles en matière de reconnaissance des diplômes et d'autorisation d'exercer lorsqu'ils cherchent un emploi dans la profession de leur choix.

Recherche sur les familles des militaires et des vétérans

Le rapport de Pierre Daigle fait également état des éléments suivants[77] :
- Les familles de militaires ont peu de contrôle sur l'endroit, le moment ou la durée des affectations.
- La plupart des familles ont indiqué qu'il leur fallait entre un mois et un an pour qu'elles reviennent au rythme familial préalable au déploiement et que cela avait un impact significatif sur les relations avec le partenaire et les enfants.
- La majorité des partenaires ont connu des problèmes de chômage ou de sous-emploi depuis qu'ils sont devenus conjoints de militaires, en particulier lorsqu'ils sont affectés dans de petites communautés où il y a encore moins de possibilités professionnelles.

- La majorité des partenaires non militaires ont communiqué leur frustration à devoir faire tous les compromis professionnels requis pour élever une famille une fois que des enfants entrent en jeu.

En examinant plus de 100 rapports de 2008 à 2018 concernant les familles de militaires, Lynda Manser a déterminé les données suivantes[78] :

- Sur les 66 000 membres de la Force régulière, 50 % ont déclaré avoir une relation légale et/ou être parents.
- Près de 4 000 membres de la Force régulière sont des familles monoparentales.
- Un tiers des membres de la Force régulière et de leurs familles affectés au Canada vivent dans les environs d'Ottawa, de Halifax et de Valcartier.
- Les défis les plus fréquemment cités par les familles de militaires canadiens sont les problèmes de bien-être personnel et de santé mentale, le stress financier et les tensions relationnelles.
- La recherche canadienne suggère que 80 % des familles de militaires sont résilientes et se sentent soutenues au sein de la communauté des FAC; en outre, 90 % d'entre elles estiment qu'elles parviennent à assumer les responsabilités de leur vie familiale, et 10 % pensent le contraire.
- De nombreuses familles ne font pas appel aux ressources fournies par leur centre de ressources pour les familles des militaires, mais celles qui le font sont satisfaites des services qu'elles reçoivent et estiment qu'ils sont bénéfiques.

***

Toutes ces statistiques nous démontrent que les conjoints des militaires sont des personnes éduquées, adaptables, mobiles, diversifiées et dans la fleur de l'âge. Leur évolution de carrière et leurs perspectives d'emploi sont toutefois affectées par le mode de vie militaire. Dans le prochain chapitre, nous verrons comment ils peuvent tirer parti de leurs nombreuses caractéristiques positives pour surmonter certains des défis auxquels ils sont confrontés en matière d'emploi.

PRINCIPAUX ÉLÉMENTS D'APPRENTISSAGE

★ La vie des familles de militaires est perturbée plus souvent que celle de la majorité des familles civiles.

★ Les conjoints de militaires sont diversifiés, éduqués et travaillants, et ils s'adaptent facilement.

★ La plupart des familles sont fières des contributions qu'elles apportent en leur nom pour soutenir le militaire actif et leur pays.

★ De nombreuses familles de militaires n'ont pas accès à l'ensemble des ressources disponibles.

CHAPITRE 11

Conjoints de militaires – surmonter les obstacles à l'emploi

CONTENU DU CHAPITRE

- Aider les conjoints de militaires à surmonter les défis liés à l'emploi et à faire face aux préjugés des employeurs.
- Programmes d'emploi pour les conjoints de militaires
- Recommandations pour le travail auprès de conjoints de militaires
- Les services aux familles des militaires : une ressource précieuse

Dans l'ensemble, ce groupe est confronté à plusieurs obstacles à l'emploi : difficulté à poursuivre leur carrière ou à trouver et à conserver un emploi; ne pas être pris en considération pour l'obtention de promotion en raison de leurs antécédents professionnels inconstants ou de courte durée; incapacité à acquérir de l'ancienneté en raison des déménagements fréquents; voir leur formation ou leur perfectionnement professionnel entravé en raison de l'emplacement; possibilités d'emploi limitées lors d'une affectation dans de petites communautés ou des collectivités rurales. De tels obstacles n'affectent pas seulement l'avancement professionnel du conjoint, mais également la stabilité financière des familles.

Le déménagement est à l'origine de la plupart des obstacles énumérés ci-dessus. Un rapport de Lynda Manser sur ce sujet[79] nous apprend ce qui suit sur les conjoints de militaires :

- 37 % des conjoints estiment avoir dû accepter un emploi pour lequel ils étaient surqualifiés en raison de la nécessité de déménager.

- Trouver un emploi correspondant à leur formation et à leur expérience a été le plus grand défi liés aux déménagements.

- Les déménagements ajoutent souvent une pression supplémentaire sur les relations entre les partenaires/conjoints.

- Une synthèse infographique du rapport de 2018 intitulé *State of Military Families in Canada*[80] nous apprend également que 50 % des répondants estiment que leur situation financière s'est détériorée après un déménagement en raison de la diminution du revenu du conjoint non militaire, de l'augmentation du coût du logement et du coût de la vie dans le nouveau lieu de résidence.

Programmes et ressources

Alors, comment pouvons-nous aider les conjoints de militaires dont les occasions d'être rémunérés sont particulièrement affectées par le mode de vie militaire? Examinons quelques programmes.

Initiative d'emploi pour les conjoints de militaires (IECM)

https://www.canada.ca/fr/ministere-defense-nationale/organisation/possibilites-demploi/emplois-civils/possibilites-d-emploi-civil/initiative-emploi-conjoints-militaires.html

L'IECM fournit des outils et des ressources aux conjoints et partenaires de militaires pour qu'ils puissent non seulement développer leurs compétences, mais aussi poursuivre des carrières au sein de la fonction publique fédérale par le biais de répertoires d'emplois, de bassins de candidats et d'autres programmes de dotation en personnel du gouvernement.

À partir du répertoire d'emplois de la fonction publique canadienne, les conjoints peuvent accéder à des occasions d'emploi dans de nombreux domaines, notamment les suivants :

- Technologie de l'information;
- Travail général;
- Gens de métier;
- Soins de santé;

- Ingénierie;
- Communication et relations publiques;
- Administration de bureau;
- Ressources humaines;
- Enseignement/éducation;
- Services d'approvisionnement;
- Sciences sociales;
- Services alimentaires;
- Services de nettoyage.

Simone, l'une des conjointes de militaires présentées dans le guide, déclare : « L'une des raisons pour lesquelles j'ai choisi de travailler dans la fonction publique est que je me suis dit que si nous devions déménager, j'aurais au moins une longueur d'avance en choisissant de travailler pour le gouvernement plutôt que de repartir à zéro. » Alors oui, même si le déménagement est une réalité, les conjoints peuvent accéder à un éventail de possibilités d'emploi au sein du gouvernement du Canada. De plus, maintenant que le travail à distance est plus largement accepté, les déménagements ne doivent pas toujours être synonymes de perte d'emploi et de nécessité d'en trouver un nouveau.

Réseau pour l'emploi des conjoints des militaires (RECM)

https://msen.vfairs.com/fr/

Le RECM est un centre en ligne réservé aux conjoints et partenaires de militaires, qui leur permet d'établir des liens avec des employeurs partenaires et de développer leur carrière. Grâce au RECM, les conjoints peuvent explorer une liste nationale d'employeurs et entrer en contact avec des responsables du recrutement. Les membres peuvent consulter les offres d'emploi disponibles, participer à des salons de l'emploi, publier leur curriculum vitæ et développer leur réseau professionnel. Puisqu'il est en ligne, il est accessible de n'importe où et est particulièrement utile pour les conjoints qui se trouvent à l'étranger et qui souhaitent retourner travailler au Canada.

Les Services de bien-être et moral des Forces canadiennes (SBMFC)

https://cfmws.ca/

Offrent des programmes et des services aux membres des FAC, aux vétérans et à leurs familles, au Canada et à l'étranger, dans divers domaines, notamment l'éducation financière et la résilience (Services financiers du régime d'assurance-revenu militaire), les déménagements, le soutien à la transition familiale, et plus encore. Voici d'excellentes ressources pour les conjoints de militaires :

CARRIÈREPRO+

https://sbmfc.ca/services-de-soutien/emploi/perfectionnement-professionnel/carrierepro

- Accompagnement en gestion de carrière virtuel et confidentiel qui met directement en contact les partenaires des militaires avec un accompagnateur en gestion de carrière professionnel pour un soutien personnalisé en transition de carrière, en perfectionnement et en recherche d'emploi.
- Les conjoints de militaires peuvent bénéficier d'un soutien pendant cinq séances d'une heure chaque.

Groupe virtuel de formation au perfectionnement-professionnel

https://sbmfc.ca/services-de-soutien/emploi/perfectionnement-professionnel

- Formation gratuite sur le perfectionnement professionnel spécialement conçue pour les conjoints de militaires, couvrant des sujets tels que la quantification de votre CV, les tactiques de négociation, la création de contenu LinkedIn, l'élaboration d'un énoncé de profil professionnel, l'amélioration des compétences en matière de réseautage, etc.
- Le programme Aider les entrepreneurs à atteindre le succès (H.E.R.C.S.) et le Programme portfolio professionnel sont également disponibles.

Formation en langue seconde

https://sbmfc.ca/services-de-soutien/etudes/formation-linguistique

- Les ressources et outils d'apprentissage de la formation en langue seconde permettent aux utilisateurs d'améliorer leurs compétences linguistiques et peuvent les aider à s'intégrer dans une nouvelle communauté, à ajouter une nouvelle compétence linguistique à leur curriculum vitæ ou à se préparer à une affectation à l'étranger.

Ligne d'information pour les familles

https://sbmfc.ca/services-de-soutien/ligne-d%E2%80%99information-pour-les-familles

1-800-866-4546 (Amérique du Nord) / 00-800-771-17722 (International)

- Il s'agit d'un service confidentiel, personnel, bilingue et gratuit qui offre de l'information, du soutien, des références, de la réassurance et de la gestion de crise à la communauté militaire.

Permis et accréditations professionnelles

L'une des difficultés rencontrées à la suite des déménagements est la divergence des normes provinciales en matière d'exercice de la profession. Les dispositions relatives à la mobilité de la main-d'œuvre de l'Accord sur le libre-échange canadien (https://mobilitedestravailleurs.ca/) permettent aux travailleurs certifiés d'être reconnus comme qualifiés pour travailler dans une autre province ou un autre territoire, à condition que cette reconnaissance émane d'un organisme qui réglemente cette profession. Aucune formation, aucun examen et aucune évaluation supplémentaire ne seront nécessaires, sauf exception.

Le défi provient du fait que, selon le cadre de travail actuel, les provinces peuvent imposer des exceptions pour certains métiers ou groupes professionnels, annulant donc l'esprit de l'Accord. Au moment de la rédaction du présent document, cinq provinces (Ontario, Alberta, Saskatchewan, Nouvelle-Écosse, Terre-Neuve-et-Labrador) avaient mis en place des exceptions concernant un certain nombre de groupes professionnels (hygiénistes dentaires, denturologistes, opérateurs de réseaux d'eau potable, avocats, infirmières auxiliaires autorisées, technologues en radiation médicale, sages-femmes, infirmières praticiennes, techniciens ambulanciers, podologues, psychologues, responsables du code de sécurité, travailleurs sociaux, foreurs de puits d'eau).

Voilà qui illustre bien comment l'obtention d'un permis peut être problématique et frustrante pour un conjoint de militaire apte à pratiquer dans l'un des groupes déterminés et susceptible de déménager d'une province à l'autre tous les deux ou trois ans. Cela dit, chaque province dispose d'un coordonnateur de la mobilité de la main-d'œuvre et il est donc conseillé de prendre contact avec chacun d'entre eux avant de déménager.

Prendre le contrôle

Les conjoints peuvent être proactifs afin de réduire la nécessité de recommencer leur carrière à chaque déménagement. Les intervenants en développement de carrière peuvent encourager les conjoints à sortir des sentiers battus et à explorer de façon stratégique des carrières qui pourraient les satisfaire tout au long de la vie militaire et au-delà. Ils peuvent investir dans :

- Le développement de leurs réseaux sociaux;
- L'exploration des possibilités de travail à distance;
- La gestion d'un portefeuille de réalisations;
- Le bénévolat pour renforcer les compétences;
- La recherche d'un emploi au sein des SBMFC qu'ils trouveront dans les communautés militaires et avec des possibilités d'emploi à l'extérieur du Canada (https://sbmfc.ca/a-propos/carrieres);
- Des cours et l'accès à l'apprentissage en ligne pour améliorer leurs qualifications;
- L'entrepreneuriat;
- La transformation d'une passion en source de revenus en ligne;
- L'écriture d'un livre, la création d'un balado, et bien d'autres choses encore.

Elaine Piper recommande de créer une entreprise en ligne, d'adopter un état d'esprit entrepreneurial ou d'explorer les services que les conjoints peuvent offrir virtuellement, en particulier s'ils sont experts dans leur domaine.

Ce sont d'excellentes idées, mais en réalité, il arrive que les emplois que nos clients désirent ne soient simplement pas disponibles. Lorsque c'est le cas, et une fois qu'ils acceptent la réalité, nous pouvons souvent les orienter dans une nouvelle direction.

- ✓ Invitez les clients à travailler différemment et à voir le travail sous un œil différent. Est-ce qu'il doit toujours être fait dans un environnement traditionnel?
- ✓ Aidez les clients à tirer avantage des technologies et des médias sociaux pour créer des occasions. Si votre client est enseignant ou conseiller et qu'il n'y a aucun emploi local, pourrait-il enseigner, faire du tutorat ou conseiller en ligne?

✓ Encouragez les clients à formuler ce dont ils ont besoin. C'est ce qu'a fait une épouse, lorsqu'elle a appris que sa famille allait déménager. Elle a présenté son cas à son employeur, lui démontrant comment elle pouvait continuer à faire le même travail à partir de la maison. Elle a anticipé toutes les inquiétudes de son employeur et y a répondu, tout en lui montrant de quelle manière sa solution lui ferait économiser de l'argent. Sa demande a été acceptée et elle a même reçu une promotion tout en travaillant de la maison.

Parfois un changement de perspective suffit pour permettre à nos clients de progresser dans une nouvelle direction.

Options de carrière à distance

Examinons les carrières à distance ou hybrides. Nous pouvons aider les conjoints qui en ont assez d'avoir à s'inquiéter de trouver un emploi chaque fois qu'ils déménagent en les encourageant à explorer des carrières que j'ai qualifiées d'« universelles ». Une recherche rapide sur Indeed concernant le travail à distance à Halifax, en Nouvelle-Écosse (par exemple), a donné les résultats suivants :

- Scribe médical
- Expert en solutions
- Designer
- Conseiller en communications
- Représentant du service à la clientèle
- Stratège en gestion de talents
- Courtier de fret
- Analyste des risques
- Concepteur de cours
- Spécialiste du marketing
- Infirmier/ère
- Courtier
- Psychologue

Au cours de la pandémie de COVID-19, nous avons découvert qu'il était possible de travailler dans des lieux et des espaces que l'on croyait auparavant inaccessibles. Je suis persuadée que vous vous rappelez comment vous avez dû vous adapter rapidement et trouver des moyens créatifs pour offrir vos services en gestion de carrière. Pour les activités qui, selon moi, ne pouvaient être réalisées qu'en personne avec les clients, j'ai inventé de nouvelles méthodes – et je dirais même de meilleures – pour établir un lien avec eux.

Bien sûr, certaines tâches sont plus faciles à traiter en personne, mais il est tout à fait possible de travailler efficacement à distance. Quand vous devez installer votre bureau à domicile, quand les employés ont la flexibilité de rendre des comptes sur leur travail sans supervision directe, et quand les employeurs cherchent à économiser sur les locaux coûteux, les conjoints de militaires sont parfaitement adaptés. Leur résilience, leur flexibilité, leur engagement et leur persévérance face aux défis font d'eux d'excellents candidats pour le travail à distance. Et comme l'illustre la recherche Indeed ci-dessus, l'éventail des emplois pouvant être exercés à distance est large.

Faire face aux préjugés des employeurs lors d'une entrevue

Nous avons déjà présenté les multiples compétences que les conjoints de militaires possèdent en raison de leur mode de vie militaire : adaptabilité, souplesse, résolution de problème, créativité et ainsi de suite. La clé pour les conjoints est de reconnaître ces compétences en eux-mêmes et de savoir comment les communiquer à un employeur potentiel.

Pour les conjoints de militaires à la recherche d'un emploi traditionnel, la clé du succès est la préparation. Ainsi, comment pourriez-vous préparer les conjoints à répondre à ces quatre préoccupations que les employeurs pourraient avoir :

1. Pourquoi avez-vous eu autant de changements d'emploi ou des emplois sans lien avec vos études ou votre formation ?

2. Pourquoi avez-vous autant d'expériences comme bénévole ou de formations continues ?

3. Pourquoi votre curriculum vitæ est-il dans un format fonctionnel et non chronologique ?

4. Pourquoi devrais-je me donner la peine de vous embaucher ? Vous nous quitterez dans quelques mois.

À l'aide de certains éléments de l'accompagnement axé sur l'espoir, nous pouvons aider les conjoints de militaires à préparer des réponses adéquates pour aborder de telles questions. Regardons certaines réponses possibles d'une cliente fictive, Céleste Augustine. Vous trouverez son curriculum vitæ à l'annexe 2. Remarquez que Céleste a des trous dans son expérience professionnelle et qu'elle a occupé divers postes pendant de courtes périodes. Le parcours de Céleste illustre les répercussions que le mode de vie militaire peut avoir sur les antécédents professionnels d'un conjoint de militaire. (À ce sujet, tout comme dans le CV de Mason Cummings, il y a quelques corrections mineures que je vous laisse le soin de repérer.)

Préjugé n° 1 de l'employeur : En examinant le curriculum vitæ d'un conjoint de militaire qui a occupé plusieurs emplois à court terme, des emplois non liés à ses études ou à sa formation, ou des emplois de débutant, un employeur pourrait présumer que le candidat n'a pas d'ambition, ou encore qu'il est paresseux, non productif ou peu fiable.

Faire face au préjugé n° 1 de l'employeur : À l'aide de simulations d'entrevues, les intervenants en développement de carrière peuvent aider les clients à apprendre comment expliquer ces lacunes apparentes tout en mettant l'accent sur le fait que, malgré les défis, ils ont été en mesure d'acquérir des compétences. Une réponse possible pour une personne comme Céleste pourrait être : « Chaque déménagement signifie la recherche d'un nouvel emploi. Je dois effectuer des recherches sur le marché pour trouver les postes disponibles dans ma nouvelle communauté, faire du réseautage, sortir de ma zone de confort, faire ce qu'il faut pour faire progresser mon développement professionnel et répondre aux besoins financiers de ma famille. Parfois, le travail disponible est différent de la formation que j'ai reçue, offre un salaire inférieur ou est de nature contractuelle. Dans chacun de ces emplois, je me suis assurée de contribuer à l'organisation à part entière. Mes employeurs précédents peuvent témoigner de ma fiabilité, de mon sens des responsabilités et de ma forte éthique du travail. »

Préjugé n° 2 de l'employeur : Un employeur qui examine un curriculum vitæ renfermant une quantité d'expériences de bénévolat ou de formations continues plus élevée que la normale pourrait se demander si le conjoint souhaite sérieusement travailler.

Faire face au préjugé n° 2 de l'employeur : Cela n'est pas le cas pour Céleste, donc voici une réponse qu'elle pourrait donner : « Dans plusieurs endroits où mon conjoint a été affecté, il n'y avait aucun emploi disponible. Étant donné que j'ai créé un plan stratégique pour développer ma carrière, j'ai déterminé que dans les situations où je ne pouvais pas trouver d'emploi rémunéré, je chercherais plutôt des occasions particulières de bénévolat ou de formation qui m'aideraient à développer des compétences conformes à mon plan stratégique. Je privilégie la débrouillardise et maximise les occasions qui se présentent à moi plutôt que de rechigner sur les choses que je ne peux pas changer. » Quel employeur ne serait pas impressionné!

Préjugé n° 3 de l'employeur : Un candidat qui fait parvenir un curriculum vitæ fonctionnel plutôt que chronologique doit cacher quelque chose.

Faire face au préjugé n° 3 de l'employeur : Voici une réponse possible : « J'ai choisi un format de curriculum vitæ non chronologique pour faire valoir mon expérience. Chaque occasion d'emploi m'a permis d'apprendre quelque chose de différent. Les tâches étaient peut-être semblables, mais la façon dont je devais travailler ou les gens avec qui je devais travailler ne l'étaient pas, alors je devais constamment changer mon approche ou mes méthodes pour accomplir mon travail. Je voulais partager la grande gamme de compétences que je possède et qui pourraient aider une organisation à atteindre ses objectifs. La durée d'un emploi n'est pas nécessairement synonyme d'efficacité. Je suis une personne très travaillante. Je peux facilement trouver des solutions créatives, j'ai géré de façon efficace tous nos déménagements et utilisé mon jugement critique pour chaque nouveau défi rencontré lors de nos affectations. Ce sont des qualités que je peux offrir dans cet emploi. »

Préjugé n° 4 de l'employeur : Les familles des militaires se déplacent constamment. Il n'est pas logique d'embaucher le conjoint d'un militaire ni d'investir dans sa formation. Il sera parti avant que je puisse récolter les fruits de mon investissement.

Faire face au préjugé n° 4 de l'employeur : La réalité est que la durée normale d'une affectation militaire varie de 3 à 5 ans (ces chiffres peuvent varier selon les circonstances)[81]. Donc même si la mobilité est une caractéristique de la vie militaire, la fréquence des déménagements n'affecte pas tous les militaires de la même façon. Et comme indiqué précédemment, le travail à distance est une nouvelle norme. Cela ouvre une multitude de possibilités pour les conjoints de militaires dont la flexibilité, l'engagement et la réflexion axée sur les solutions permettent d'accomplir le travail, quel que soit l'endroit où ils se trouvent.

J'ose croire que ces exemples de réponses illustrent le rôle que les conjoints de militaires peuvent jouer dans l'élaboration de leur propre carrière et dans la manière dont nous pouvons les aider à répondre aux préjugés des employeurs.

Défendre les intérêts des conjoints de militaires, avec les conjoints de militaires

Les intervenants en développement de carrière peuvent enseigner aux conjoints/partenaires de militaires des techniques pour défendre leurs intérêts et leur apprendre à considérer leurs expériences dans une optique qui met en relief leurs forces. Leur capacité d'adaptation, leur résilience et leur courage ne devraient pas être tenus pour acquis, par eux ni par quiconque. Il va sans dire que le fait de sensibiliser les employeurs au sujet de la composante « conjointe » du mode de vie militaire et de ses répercussions sur le développement professionnel contribuera à atténuer les préjugés et les idées reçues. Ce faisant, un employeur éclairé peut se concentrer sur les points forts du candidat plutôt que sur ses antécédents, et ne pas porter de jugement sur les raisons qui ont mené le candidat à mener une telle carrière.

Les recommandations suivantes de Katie Ochin, ancienne gestionnaire du programme d'emploi et d'entrepreneuriat des Services aux familles des militaires, datent d'il y a près de dix ans, mais elles restent pertinentes pour les intervenants en développement de carrière qui travaillent avec des conjoints de militaires :

- Les conjoints de militaires sont résilients et forts, et ils s'adaptent facilement, mais ils pourraient avoir besoin d'aide pour faire valoir ces forces dans leurs demandes d'emploi. Leur faire faire un exercice pour répertorier leurs compétences pourrait être efficace.

- Encouragez les conjoints de militaires à explorer des possibilités d'emploi mobiles ou en télétravail.

- Encouragez les conjoints de militaires à explorer les formations et le perfectionnement en ligne.

- Examinez les réponses des conjoints de militaires aux principales questions d'entrevue, et collaborez avec eux pour déterminer de quelle façon des antécédents d'emploi non orthodoxes peuvent être présentés en mettant l'accent sur les forces.

- Enseignez aux conjoints de militaires à défendre leurs intérêts et les compétences qu'ils apportent sur le marché de l'emploi.

Malgré le stress et les difficultés liés au déménagement, les conjoints de militaires désirent s'épanouir sur le plan personnel, maintenir leurs compétences et leur carrière, et se sentir indépendants. Ils sont motivés à travailler et savent comment travailler très fort. Ils le font depuis très longtemps.

Une pléthore de soutiens

Il existe un vaste système de soutien destiné aux conjoints/partenaires et aux familles des militaires. Vous trouverez ci-dessous les points d'accès essentiels à ces soutiens :

Services aux familles des militaires (SFM)

https://sbmfc.ca/services-de-soutien/familles

L'équipe des Services aux familles des militaires (SFM), une division de SBMFC, reconnaît le rôle important que jouent les familles dans l'état de préparation opérationnelle des Forces armées canadiennes. Des boîtes à outils aux partenariats, les SFM offrent des programmes et du soutien aux membres des familles des FAC dans une variété de domaines, tels que le déménagement, les soins, le déploiement, les relations saines, le deuil et le chagrin, les enfants et ados, etc. Cela comprend l'accès à des professionnels qualifiés, des possibilités de mise en réseau, des formations à l'emploi et d'autres services conçus pour répondre à leurs besoins. Visitez le site Web des SFM pour plus de détails.

Centres de ressources pour les familles des militaires (CRFM)

https://sbmfc.ca/services-de-soutien/familles/centres-ressources-familles-militaires-virtuels

- Les CRFM sont au cœur de la communauté. Leurs employés dévoués sont les fournisseurs de services de première ligne chargés de faire le lien entre les familles des militaires et une vaste gamme de programmes et de services. On vous invitera à poser des questions sur le rôle de parent, l'emploi, les possibilités de bénévolat et les façons de rencontrer des gens, de retrouver d'anciens amis ou d'acquérir de nouvelles compétences.

- Vous trouverez ici l'emplacement et les coordonnées de chacun des Centres de ressources pour les familles des militaires au Canada, ainsi que les programmes et services offerts.

PRINCIPAUX ÉLÉMENTS D'APPRENTISSAGE

★ Les conjoints de militaires font face à des défis uniques liés à l'emploi.

★ L'Initiative d'emploi pour les conjoints de militaires (IECM) et le Réseau pour l'emploi des conjoints des militaires (RECM) sont des programmes d'emploi clés pour les conjoints/partenaires de militaires.

★ Grâce à un accompagnement adéquat et à l'exploitation des points forts, il est possible de répondre aux préoccupations et aux idées préconçues des employeurs.

★ Les familles et autres sources de soutien sont très importantes pour contribuer à la transition des militaires. Les Services aux familles des militaires peuvent être utiles.

LES COUPS DE CŒUR D'YVONNE :

◉ **Réseau pour l'emploi des conjoints des militaires (RECM)** (https://msen.vfairs.com/fr/). En ligne et réservé aux conjoints et partenaires de militaires, le RECM est une excellente ressource pour accéder à une gamme de services liés à l'emploi.

Conjoints de militaires – surmonter les obstacles à l'emploi

PROFIL D'UNE CONJOINTE

« Où que la vie vous amène, choisissez de grandir »

Choisir de grandir, c'est ce que Dahlia a vécu pendant les 26 années où elle a été épouse de militaire. Auparavant, tout ce qu'elle avait entendu dire de la vie militaire, c'était que cette vie comprenait beaucoup de déménagements. « Honnêtement, je n'avais aucune idée du mode de vie militaire! » L'un de ses plus grands défis était d'être loin de sa famille, aussi Dahlia a-t-elle choisi de se faire des amis partout où ils ont déménagé. Pour elle, l'aspect social a toujours été important.

Elle admet qu'au cours des premières années, elle n'a pas vraiment bien supporté les nombreux changements que leur famille a dû assumer. Son mari était souvent absent et la plupart des responsabilités familiales lui incombaient. C'était une lourde charge mentale. Cependant, avec le temps et l'expérience, elle a appris à s'organiser et à changer d'attitude. Au lieu de se stresser indûment et de se lamenter sur sa situation, elle s'est maintenue dans un état de préparation, choisissant de grandir où qu'elle soit et en dépit des circonstances.

Aujourd'hui encore, Dahlia est enthousiaste d'avoir à déménager dans une nouvelle ville, une nouvelle province ou un nouveau pays. Elle adore découvrir de nouvelles cultures et de nouveaux modes de vie, que ce soit au Canada ou à l'étranger. « À chaque fois, nous avons vécu des expériences formidables et nous nous sommes fait de bons amis. » D'un autre côté, il était difficile de laisser ces amis derrière soi et de devoir constamment trouver un nouvel emploi. Les messages d'affectation arrivaient toujours tardivement, ce qui lui laissait peu de temps pour chercher un emploi à l'avance parce qu'il y avait tellement d'autres choses à faire, comme acheter une maison, s'installer, trouver une nouvelle école, un nouveau dentiste, un nouveau médecin, et bien d'autres choses encore.

« Il y a 26 ans », se souvient Dahlia, « il n'existait pas de services comme ceux d'aujourd'hui pour soutenir les conjoints de militaires. Avant d'avoir des enfants, j'avais des emplois mal payés parce que nous déménagions tous les deux ans. Lorsque les enfants sont nés, nous n'avons pas pu trouver de garderie et nous avons donc décidé que je resterai à la maison. Une fois les enfants scolarisés, j'ai pu reprendre le travail. À l'époque, lorsque vous postuliez à un emploi, vous ne pouviez pas mentionner que vous étiez un conjoint de militaire, car cela diminuait fortement vos chances d'obtenir le poste. J'ai perdu quelques emplois parce que j'ai été honnête et que j'ai expliqué pourquoi j'ai déménagé autant de fois. »

Dahlia affirme que, durant toute sa carrière, elle n'a jamais été payée plus de 25 dollars de l'heure, bien qu'elle soit titulaire d'un diplôme de premier cycle. Dans leur lieu de résidence actuel, le fait d'être francophone et de ne pas avoir confiance en ses compétences en anglais est un inconvénient majeur pour trouver du travail, de sorte qu'elle est toujours au chômage et à la recherche d'un emploi à temps plein.

Le meilleur conseil qu'elle puisse donner aux nouveaux conjoints/partenaires de militaires est de s'assurer qu'ils ont une carrière portable. Toutefois, si ce n'est pas le cas, elle suggère de prendre en considération les éléments suivants :

- ✓ Constituez un CV solide avec des compétences transférables. Suivez les séances du Programme portfolio professionnel des SFM.
- ✓ Envisagez de retourner à l'école ou de suivre des cours qui vous aideront à obtenir un meilleur emploi.
- ✓ Apprenez à vous connaître et assurez-vous que ce que vous faites vous apporte de la joie. Cela aura un impact important sur votre relation avec votre conjoint et votre entourage.
- ✓ Apprenez une nouvelle langue (devenez bilingue).
- ✓ Créez votre propre entreprise.
- ✓ Informez-vous sur la manière dont les SBMFC et les services d'aide à l'emploi des SFM peuvent vous aider dans votre carrière.
- ✓ N'hésitez pas à demander de l'aide.

Dahlia ajoute que si la vie militaire n'est pas toujours facile pour la carrière du conjoint, elle croit fermement que nous sommes responsables de nos choix. « Je ne me suis peut-être pas assez préparée, et si je pouvais revenir en arrière, je changerais une ou deux choses. Je suis reconnaissante de ma vie et de mes expériences et je conseille aux futurs conjoints de militaires d'être conscients de ce dans quoi ils s'engagent. Discutez de vos objectifs de carrière et de la manière dont vous pouvez les atteindre parallèlement à la carrière de votre conjoint. »

Lorsqu'ils quitteront le service militaire, Dahlia désire s'installer près de sa famille et se consacrer enfin à sa carrière.

PARTIE VI

Programmes et ressources

Crédit photo : Caméra de combat des Forces canadiennes, MND

CHAPITRE 12

Services, programmes et ressources

Vous trouverez ici une liste de prestataires de services militaires et civils canadiens et de domaines de spécialisation classés dans six catégories. N'oubliez pas que cette liste n'est ni complète ni exhaustive. Des organisations qui font un excellent travail au nom des militaires et des vétérans des FAC pourraient avoir été oubliées.

Dans chaque catégorie, les organisations et les ressources qui constituent des points de départ essentiels sont énumérées en premier lieu et marquées d'un astérisque (*); les autres sont classées par ordre alphabétique.

Emplois

Cette liste inclut des organisations qui sont vouées à aider les militaires en transition et les vétérans des FAC à se préparer et à trouver un emploi.

Centre de transition numérique*

https://www.canada.ca/fr/ministere-defense-nationale/services/avantages-militaires/transition.html

Il s'agit notamment d'un accès virtuel à des services de consultation pour la transition, de l'administration électronique des démobilisations, et de l'accès à des initiatives de formation et d'éducation en lien à la transition. Le Centre de transition numérique comprend également l'outil en constante évolution Mon traducteur de compétences et d'éducation (Mon TEC), qui permet de déterminer les équivalences académiques civiles de certaines compétences et expériences militaires. En outre, il y a l'OESC, qui permet de déterminer les équivalences civiles des groupes professionnels militaires.

Engagement et partenariats avec la transition militaire (EPTM)*

https://www.canada.ca/fr/ministere-defense-nationale/services/avantages-militaires/transition/eptm.html

Un réseau numérique national regroupant les organisations, les entreprises et les programmes qui soutiennent les militaires et vétérans en transition et leurs familles. Les organisations ou les prestataires de services qui soutiennent la communauté des militaires, des vétérans et de leurs familles peuvent s'inscrire en allant sur la page d'accueil de l'EPTM et en soumettant le formulaire d'inscription pour faire partie du Répertoire national des ressources (RNR). Une fois dans le RNR, les organisations seront également en mesure de partager les meilleures pratiques en matière de soutien à ces populations.

Services de transition des FAC*

https://www.canada.ca/fr/ministere-defense-nationale/services/avantages-militaires/transition/services-de-transition-des-fac.html

Ces centres fournissent de l'aide pour une deuxième carrière, des ateliers de transition de carrière, un programme de formation professionnelle pour les militaires actifs, des orientations vers des sources d'emploi au sein de la fonction publique fédérale, des trousses à outils, et plus encore.

Allocation pour études et formation

https://veterans.gc.ca/fr/etudes-et-emploi/retour-aux-etudes/allocation-pour-etudes-et-formation

Il s'agit d'un financement spécifiquement destiné aux militaires des Forces armées qui souhaitent reprendre leurs études ou améliorer leur formation, ce qui peut comprendre des cours d'une durée plus limitée, des camps d'initiation à l'entreprenariat, des ateliers et des séminaires. Les militaires peuvent présenter leur demande jusqu'à 10 ans après leur date de démobilisation.

BMO Canada

https://jobs.bmo.com/ca/fr/militaire

En tant que banque officielle de la communauté de la Défense canadienne, BMO offre des possibilités de carrière au personnel militaire et aux anciens combattants des FAC et à leurs familles. En plus des possibilités de carrière, BMO Canada offre aux vétérans des conseils sur la littératie financière, un guide sur l'entrepreneuriat, des prestations complémentaires pour les congés militaires, des réductions sur les frais de services bancaires et bien plus encore.

Canadian Corps of Commissionaires

www.commissionaires.ca

Il s'agit d'une entreprise privée canadienne à but non lucratif qui embauche plus de 20 000 personnes dans des postes de sécurité et de protection aux quatre coins du pays. Aux entreprises, elle offre des services d'agents de sécurité, d'experts-conseils en sécurité, d'enquêtes et de soutien aux activités policières. Aux individus, elle propose des services d'empreintes digitales, de vérification des antécédents criminels, de suspension du casier (pardon), de levée d'interdiction d'entrée aux États-Unis, de protection, et bien plus encore. Le Canadian Corps of Commissionaires est l'un des plus grands employeurs de vétérans Canadiens.

The Canadian Guide to Hiring Veterans (en anglais seulement)

http://www.challengefactory.ca/VeteranHiringGuide

Une publication facile à utiliser qui aide les employeurs à trouver, embaucher et conserver des vétérans militaires. Elle est téléchargeable gratuitement au format PDF et disponible à l'achat en livre broché. Elle comprend :

- Des outils pratiques et réutilisables pour faciliter le recrutement, l'embauche et l'intégration, y compris une liste de vérification pour l'embauche, un guide d'entrevue, un cadre d'intégration, etc.

- Des explications qui brisent les mythes sur les vétérans dans le monde du travail, grâce à des scénarios d'embauche réalistes, afin de faire comprendre pourquoi un vétéran devrait être la prochaine recrue d'un employeur.

- Un apprentissage basé sur des preuves issues de la recherche de Challenge Factory sur l'impact de l'utilisation des ressources d'embauche des vétérans et sur la façon dont les vétérans agissent réellement dans les lieux de travail civils.

- Des ressources rassemblées en un seul endroit pratique pour aider les employeurs à être favorables à l'embauche des vétérans.

Carrefour des anciens combattants de La Fondation Les Fleurons glorieux

https://www.veteranhub.ca/fr/

Il s'agit d'un guichet unique où les vétérans, les militaires et leurs familles peuvent trouver des possibilités de bénévolat, des activités et des services dans leur communauté. Il propose également des options permettant d'ajouter des programmes et événements supplémentaires au Carrefour, afin de maintenir l'information aussi à jour que possible.

COPSystem (en anglais seulement)

https://www.edits.net/via

Fournit une évaluation complète des intérêts, des capacités et des valeurs professionnelles. Les professions qui correspondent aux trois domaines sont mentionnées en or, et les professions qui correspondent à deux domaines sont mentionnées en argent. Bien que cet outil d'évaluation soit relié à O*NET, le système américain d'information sur les professions, il fournit un document de Classification nationale des professions (CNP) qui peut être téléchargé à l'adresse suivante : https://copsystem.edits.net/public/ccg-c-wbb.pdf.

Du Régiment aux Bâtiments (DRB) Canada

www.helmetstohardhats.ca/fr/

Conçu pour offrir des possibilités au Canada pour quiconque ayant fait son service, ou qui est présentement actif, au sein de la Force régulière ou de la Force de réserve. Offre la formation nécessaire pour obtenir le statut de compagnon d'apprentissage dans les métiers de l'industrie de la construction.

Employeurs qui veulent engager des vétérans

https://www.veterans.gc.ca/fr/etudes-et-emploi/trouvez-un-nouvel-emploi/employeurs-qui-veulent-engager-des-veterans

Le site Web d'Anciens Combattants Canada propose des ressources permettant de mettre en relation des employeurs potentiels avec des vétérans :

- **Groupe LinkedIn « Embauchez un(e) vétéran/vétérane »** : Les employeurs peuvent s'inscrire à ce groupe pour entrer directement en contact avec des vétérans et publier des offres d'emploi.

- **Formulaire d'inscription** : Les employeurs sont invités à remplir un court formulaire d'inscription afin d'aider Anciens Combattants Canada à mieux les connaître.

- **Guichet-Emplois d'Emploi et Développement social Canada** : Les employeurs peuvent créer un compte dans le Guichet-Emplois pour afficher des offres d'emploi et trouver des candidats qualifiés parmi les vétérans.

Guichet-Emplois du gouvernement du Canada pour les vétérans

https://www.guichetemplois.gc.ca/veterans

- Cette base de données nationale offre des listes d'emplois, des outils d'exploration de carrières et des mises à jour sur le marché du travail pour aider les vétérans en transition à trouver des carrières enrichissantes. Depuis plus de 100 ans, le Guichet-Emplois aide les militaires en transition à intégrer le marché du travail civil.

- L'outil qui permet d'explorer les carrières offre des renseignements sur les perspectives professionnelles, les salaires, et une liste des habiletés et connaissances qui sont particulièrement utiles en travaillant avec d'anciens militaires (https://www.guichetemplois.gc.ca/planification-carriere/habilites-connaissance). À l'aide de la liste de vérification, les chercheurs d'emploi peuvent identifier leurs compétences dans 10 catégories, et leurs connaissances dans neuf domaines. L'information produit un profil des habiletés et des connaissances qui propose les professions connexes, les habiletés correspondantes et les connaissances requises. En cliquant sur une profession, vous pouvez consulter tous les emplois affichés en ce moment dans chaque région.

MasterClass in Hiring (en anglais seulement)

https://www.centreforcareerinnovation.ca/courses/Hiring-Veterans-MasterClass

- Un cours en ligne qui fournit aux employeurs une feuille de route pour exploiter le réservoir de talents cachés que constituent les vétérans du Canada. Cinq modules d'apprentissage s'appuient sur les conseils et les leçons de la publication The Canadian Guide to Hiring Veterans, qui est un modèle permettant aux employeurs de créer leur propre plan d'action en matière d'embauche, et la conception du cours permet aux employeurs de choisir leur propre parcours d'apprentissage. La MasterClass se concentre sur l'évolution de la culture et des capacités organisationnelles, y compris l'apprentissage de la gestion de carrière, afin que les employeurs puissent trouver, embaucher et conserver des employés de qualité.

- Les employeurs qui suivent la MasterClass reçoivent un certificat d'achèvement, un badge « Veteran Ready » et une boîte à outils pour leur matériel de marketing, ainsi qu'une mention sur la page des employeurs prêts à accueillir les vétérans du site Web de Challenge Factory : https://www.centreforcareerinnovation.ca/pages/veteran-ready.

Military Veteran Business Network, Treble Victor Group (en anglais seulement)

https://treblevictor.org

Avec plus de 450 membres à travers le Canada, Treble Victor est un organisme à but non lucratif qui aide les anciens militaires à établir des liens, à faire du réseautage et à réaliser tout leur potentiel dans une carrière après le service militaire. Il offre des possibilités de réseautage, de mentorat et de perfectionnement professionnel et permet aux vétérans de tirer parti de leur expérience et de leurs compétences militaires sur le marché du travail civil.

Programme de la Banque Scotia pour les vétérans et les réservistes

https://www.scotiabank.com/careers/fr/carrieres/diversit-et-inclusion/talents-des-veterans.html

La Banque Scotia est fière d'employer des vétérans et son groupe de ressources mondial pour les employés vétérans et réservistes offre à ces deux groupes la possibilité d'accéder à des carrières dans le secteur bancaire. La Banque Scotia estime que les compétences, les qualifications et l'attitude professionnelle des vétérans et des réservistes complètent celles recherchées au sein de son équipe. Ce site propose également des témoignages et des questions courantes.

RBC

https://diversite.rbc.com/hommage-rbc-un-groupe-ressource-demployes-pour-les-anciens-combattants-les-reservistes-les-familles-de-militaires-et-leurs-allies/

En tant qu'employeur favorable aux militaires, RBC soutient les anciens combattants, les réservistes et leurs familles par l'intermédiaire de son groupe-ressource d'employés Hommage RBC. Ce groupe offre des ressources en matière de réseautage, de mentorat et de développement de carrière adaptées aux compétences uniques que les vétérans apportent au monde de l'entreprise. RBC valorise le leadership, l'adaptabilité et la résilience que l'expérience militaire favorise, en offrant aux anciens combattants des rôles significatifs et un environnement de travail favorable.

Services de réorientation professionnelle d'ACC

https://www.veterans.gc.ca/fr/etudes-et-emploi/trouvez-un-nouvel-emploi/services-de-reorientation-professionnelle

Les services de réorientation professionnelle d'Anciens Combattants Canada ont pour but d'offrir un système de soutien complet aux membres des Forces armées canadiennes qui sont encore en service, aux vétérans, aux conjoints/partenaires et aux survivants qui remplissent les conditions requises. Ces services améliorés comprennent l'orientation professionnelle individuelle, l'aide à la rédaction de CV, la préparation aux entrevues, l'information sur le marché du travail et l'aide à la recherche d'emploi. En outre, Anciens Combattants Canada a établi des partenariats avec des employeurs et des organisations afin de faciliter les entrevues et les possibilités de réseautage pour les vétérans.

Shaping Purpose (en anglais seulement)

https://shapingpurpose.com

Shaping Purpose est un cours en ligne de 12 heures destiné à aider les membres des FAC à se préparer à la transition vers la vie civile. Il a pour but de concevoir un plan de carrière adapté ou un nouveau chapitre de la vie qui corresponde au mieux aux dons, aux valeurs et aux passions du membre des FAC.

Familles de militaires

Voici quelques-uns des principaux services destinés à soutenir les conjoints/partenaires de militaires et leurs familles.

Services de bien-être et moral des Forces canadiennes (SBMFC)*

https://sbmfc.ca/

Offre des programmes et des services aux membres des FAC, aux vétérans et à leurs familles dans plus de 33 emplacements au Canada et à l'étranger.

Initiative d'emploi pour les conjoints de militaires (IECM)*

https://www.canada.ca/fr/ministere-defense-nationale/organisation/possibilites-demploi/emplois-civils/possibilites-d-emploi-civil/initiative-emploi-conjoints-militaires.html

Fournit aux conjoints et partenaires de militaires les ressources nécessaires pour développer et poursuivre une carrière au sein de la fonction publique fédérale. Il comprend notamment un répertoire des possibilités d'emploi dans l'ensemble du Canada, avec un éventail de domaines d'emploi. L'expérience, les études, le lieu de travail et les exigences linguistiques associées au poste seront pris en compte lors de la candidature à un emploi dans le cadre de cette initiative.

Réseau pour l'emploi des conjoints des militaires (RECM)*

https://msen.vfairs.com/fr/

Il s'agit d'une ressource gratuite pour les partenaires/conjoints des membres actifs et retraités des FAC, qui leur donne accès à des opportunités d'emploi, à des salons de l'emploi et à un accompagnement en gestion de carrière.

Fondation Tenons-Nous Ensemble

https://www.twsfoundation.ca/fr

La Fondation Tenons-Nous Ensemble est un organisme national à but non lucratif qui soutient les familles des militaires canadiens. La Fondation propose des programmes, des colis réconfort, des aides financières d'urgence et des campagnes de sensibilisation pour informer les Canadiens sur les sacrifices et les besoins des familles de militaires.

Groupe Facebook Emploi des conjoints SFM

https://www.facebook.com/MFSSpousalEmployment

Les conjoints et partenaires de militaires peuvent rejoindre ce groupe pour s'informer sur les emplois régionaux et nationaux, ainsi que sur les possibilités d'emploi.

Guide pour votre déménagement militaire

https://sbmfc.ca/services-de-soutien/demenagements/guide-pour-votre-demenagement-militaire

Ressources destinées aux familles de militaires pour les aider à se préparer au déménagement, y compris la chronologie des dates clés, des listes de vérification et des ressources pour chaque aspect du processus de déménagement : recherche d'un domicile, déménagement, installation, finances et établissement d'un budget, soins de santé, services de garde, éducation, animaux de compagnie et véhicules. Il s'agit d'une ressource précieuse pour planifier à l'avance et faire participer toute la famille dans le déménagement.

Journal des familles de vétérans

https://sbmfc.ca/services-de-soutien/liberation/journal-familles-veterans

Cet outil a été créé par les SBMFC pour aider les vétérans démobilisés pour raison médicale, les membres des FAC démobilisés pour raison médicale et leurs familles à faire la transition vers la vie civile. Chaque section propose des guides, des ressources et des services et avantages pertinents d'ACC. Unique pour chaque famille, il comprend également des sections pour inscrire des notes personnelles, des coordonnées et du matériel de référence.

Lettre de nouvelles des SFM

https://cfmws.us20.list-manage.com/subscribe?u=e04db0cabc23e7bcacad4ffae&id=b296c77230

Inscrivez-vous pour recevoir des informations sur les services d'aide à l'emploi, les événements, les programmes et les salons de l'emploi de l'équipe des SFM chargée de l'aide à l'emploi.

Perfectionnement professionnel offert par les SFM (formations virtuelles sur le perfectionnement professionnel)

https://sbmfc.ca/services-de-soutien/emploi/perfectionnement-professionnel

Offre aux conjoints et partenaires de militaires une formation gratuite en perfectionnement professionnel, des ressources et d'autres services tels que CARRiÈREPRO+, des foires de l'emploi et autres événements connexes, le programme Aider les entrepreneurs à atteindre le succès (H.E.R.C.S.), la création de contenu LinkedIn, et plus encore.

Programme pour les familles des vétérans des SFM

https://sbmfc.ca/services-de-soutien/liberation/programme-familles-veterans

Fournit des renseignements et des services aux vétérans et à leurs familles dans le cadre de leur transition hors de l'armée, y compris :

- **Premiers soins en santé mentale pour la communauté des vétérans**, pour les rudiments de la conversation confidentielle sur la santé mentale avec la famille.

- **Programme Couples Overcoming PTSD Everyday (COPE) (en anglais seulement)**, pour apprendre les techniques d'adaptation permettant de vivre avec un membre de la famille atteint d'un trouble de stress post-traumatique.

- **Programme de résilience des conjoints (PRC)**, destiné aux conjoints et partenaires de vétérans qui ont besoin d'aide pour gérer la vie avec un partenaire atteint du syndrome de stress post-traumatique.

- **Ressource au sujet des blessures de stress opérationnel pour les aidants naturels**, qui fournit des ressources pour aider l'aidant naturel d'un militaire démobilisé pour des raisons médicales ou souffrant d'une blessure de stress opérationnel.

- **La Ligne d'information pour les familles**, un service confidentiel offrant un soutien à la communauté militaire, disponible 24 heures sur 24 et 7 jours sur 7 : https://sbmfc.ca/services-de-soutien/ligne-d%E2%80%99information-pour-les-familles.

Santé et bien-être

Cette liste présente certains des principaux fournisseurs de programmes et de services de soutien en matière de santé et de bien-être destinés aux vétérans des FAC et à leurs familles.

Engagement et partenariats avec la transition militaire (EPTM)*

https://www.canada.ca/fr/ministere-defense-nationale/services/avantages-militaires/transition/eptm.html

- Un réseau numérique national qui comprend les organisations, les entreprises et les programmes qui soutiennent les militaires et vétérans en transition et leurs familles. EPTM travaille en partenariat avec Anciens Combattants Canada (ACC), le Chef – réserves et appui de l'employeur (CRAE), les Services de bien-être et de maintien du moral des Forces canadiennes (SBMFC), les Services aux familles des militaires (SFM) et d'autres entités gouvernementales. Pour se joindre au réseau de soutien d'EPTM, les organisations peuvent présenter leurs renseignements et un conseiller d'EPTM communiquera avec elles pour les accompagner dans leur demande.

- L'EPTM gère le Répertoire national des ressources (https://military-transition.canada.ca/fr/repertoire-national-des-ressources), dans lequel les membres en transition peuvent rechercher un éventail de ressources par province, par domaine de bien-être et par secteur de la société canadienne.

Anciens Combattants Canada

https://www.veterans.gc.ca/en/mental-and-physical-health

Divers services de santé et de bien-être sont offerts aux vétérans et à leurs familles dans les domaines de la santé mentale, de la santé physique, de la gestion de cas, des prestations et plus encore.

Family Navigator (en anglais seulement)

https://www.familynavigator.ca

Ce site propose des trousses à outils afin d'aider les familles des militaires à faire face aux défis découlant du mode de vie militaire. Offre de l'aide en ce qui concerne les soins à un enfant ayant des besoins spéciaux, à une personne âgée, à une personne qui a subi des blessures opérationnelles, les déménagements, les services en santé mentale, les ressources de services de garde, en plus de fournir des renseignements généraux.

Ligne d'information pour les familles

https://sbmfc.ca/services-de-soutien/ligne-d%E2%80%99information-pour-les-familles

Un service téléphonique bilingue disponible 24 heures sur 24 et 7 jours sur 7, destiné aux familles de militaires, y compris ceux et celles qui servent leur pays à l'étranger. Le service offre des mises à jour détaillées sur les opérations, du soutien et de l'assurance, et agit comme service complémentaire des Centres de ressources pour les familles des militaires.

Réseau de transition des vétérans

https://fr.vtncanada.org/

Le Réseau de transition des vétérans aide les membres des FAC et de la GRC ainsi que les vétérans à surmonter les difficultés liées à la transition vers la vie civile et à ses répercussions psychologiques. Les cours sur la transition sont proposés sur deux niveaux. Le niveau 1 est une retraite en personne de cinq jours qui vise à autonomiser les vétérans et à normaliser leur parcours de transition. Le niveau 2 est une retraite de cinq jours en personne, avec une thérapie intensive qui aide les clients à retrouver leur individualité, à reconstruire leur capacité à faire confiance et à restaurer leurs valeurs à l'aide de scénarios concrets.

Veteran's Elite Canines (en anglais seulement)

https://www.veteranselitecanines.ca/

Aide les vétérans souffrant de maladies mentales à acquérir un chien d'assistance dressé.

Veterans Emergency Transition Services (VETS) Canada

https://vetscanada.org/french/accueil

Recherche les vétérans sans abri et à risque, puis rétablit un lien de confiance. Les aide à sortir de la rue et des refuges pour les diriger vers des logements abordables, et les aide à trouver un emploi convenable.

Wounded Warriors Canada

https://www.woundedwarriors.ca

Offre une gamme de services de soutien en santé mentale et de soins aux vétérans des FAC, en mettant l'accent sur le trouble de stress post-traumatique. Aide tous les vétérans, au besoin, alors qu'ils font la transition vers une vie civile.

Éducation et formation

Cette section résume les principaux fournisseurs de services et de programmes visant à aider les militaires en transition et les vétérans à déterminer et à obtenir l'éducation et la formation requises pour se préparer à une carrière civile.

Consortium des campus connectés pour les militaires, les vétérans et leur famille du Canada (CCCMVF) (en anglais seulement)*

https://sites.google.com/ualberta.ca/cmvf3c/home

L'objectif du CCCMVF est d'être un guichet unique permettant à tous les groupes identifiés dans son nom d'accéder à des ressources et possibilités éducatives simplifiées. Grâce à des symposiums, à des ressources de formation, à des consultations et à des actions de sensibilisation, le consortium s'est engagé à résoudre les problèmes éducatifs auxquels sont confrontés les militaires, les vétérans et leurs familles en raison de leur service. Actuellement, 49 établissements d'enseignement postsecondaire y participent (y compris certains de ceux énumérés ci-dessous), ainsi qu'un certain nombre d'autres partenaires.

British Columbia Institute of Technology (BCIT) – Legion Military Skills Conversion Program (programme de conversion des habiletés militaires de la Légion) (en anglais seulement)

https://www.bcit.ca/legion

Ce programme est offert aux militaires actifs et libérés de la Force régulière et de la Force de réserve des FAC, ainsi qu'au personnel de la Garde nationale. Il leur permet d'accélérer leurs études en obtenant des crédits du BCIT en vue d'obtenir un diplôme ou un grade dans des programmes comme les ressources humaines, la gestion opérationnelle, les opérations commerciales, le système d'information géographique, la construction ou la technologie de l'information dans l'entreprise, et d'autres encore. Ils peuvent également se préparer à leur prochain emploi grâce à l'outil d'évaluation WOWI, à la traduction des compétences militaires en compétences civiles et à la recherche d'un emploi grâce à l'aide à la rédaction de CV et de lettres de motivation et aux sites d'offres d'emploi.

Certificat de qualification

https://www.red-seal.ca/fra/others/dnd_2013_br.4ch.5r.2.shtml

Les anciens membres des FAC ayant de l'expérience dans un métier spécialisé comme ceux de plombier, de cuisinier, de technicien à l'entretien et à la réparation d'automobiles, d'électricien, de charpentier, de soudeur, de technicien en réfrigération, d'opérateur d'équipement lourd ou autre peuvent demander de passer les examens provinciaux ou territoriaux afin de recevoir leur certificat portant le Sceau rouge. Voici deux exemples :

- **Métiers spécialisés Ontario** (https://www.skilledtradesontario.ca/fr/travailleurs-experimentes/forces-canadiennes/). Permet de convertir neuf métiers militaires spécialisés et d'obtenir un certificat de qualification (Sceau Rouge). Des frais peuvent s'appliquer.

- **Saskatchewan Apprenticeship and Trade Certification Commission (en anglais seulement)** (https://www.saskapprenticeship.ca/former-canadian-military-personnel)

Collège Algonquin (en anglais seulement)

https://www.algonquincollege.com/military/family-member-support/

Les membres des FAC (de la Force régulière et de la Force de réserve), les vétérans, les familles des militaires et le personnel civil du MDN ont accès aux services d'orientation scolaire du Collège Algonquin, aux services d'initiation aux carrières pour les jeunes de 12 à 17 ans, à l'aide financière, aux services d'emploi pour les étudiants, à l'enseignement coopératif, à la formation en apprentissage et à un processus d'évaluation et de reconnaissance des acquis (ERA) pour convertir les expériences de vie et de travail en crédits d'étude.

Collège Fanshawe (en anglais seulement)

https://www.fanshawec.ca/admission-finance/military-connected-campus

Le Collège Fanshawe a mis en place des parcours pédagogiques dans lesquels les personnes ayant une expérience et une formation militaires peuvent obtenir des crédits pour leurs acquis selon les lignes directrices de l'école et de la province. Il offre notamment un soutien individuel de la part de membres du personnel formés, de l'Initiative pilote en leadership civilo-militaire (IPLCM), de stages d'apprentissage dans le cadre du Military-Connected Student in Trades Pilot Program (MCSTPP) (Programme pilote d'étudiants en métiers associés aux forces armées, traduction libre), de la bourse Millwright (en partenariat avec Du Régiment aux Bâtiments) et d'un programme de report des frais pour les vétérans bénéficiant de l'allocation pour études et formation.

École virtuelle Ottawa Carleton E-School et Canada eSchool (en anglais seulement)

https://www.canadaeschool.ca/admissions/new-students/miltary-families/

Offre des cours de niveau secondaire en ligne approuvés par le ministère de l'Éducation de l'Ontario. Permet de faire face aux défis rencontrés par les enfants de militaires d'âge secondaire en raison des déménagements fréquents, des transferts de crédit, ou de la perte de crédits en raison des divergences quant aux exigences scolaires.

Initiative relative aux études secondaires

https://www.canada.ca/fr/ministere-defense-nationale/services/avantages-militaires/education-formation/etudes-secondaires.html

L'Initiative relative aux études secondaires (HSEI) vise à sensibiliser les membres des Forces armées canadiennes (FAC) à l'importance d'obtenir un diplôme d'études secondaires (DES) dès le début de leur carrière militaire. Elle a pour but d'être un guide pour aider les membres des FAC à obtenir ce diplôme, idéalement au cours de leurs cinq premières années de service. Lorsque l'on est employé par les FAC, l'obtention d'un DES en début de carrière peut créer des possibilités pour les plans de nomination, les reclassements et les rôles spécialisés. En outre, un DES peut faciliter la transition d'un membre vers le marché du travail civil ou la poursuite d'études supérieures, le cas échéant.

Northern Alberta Institute of Technology (NAIT) (en anglais seulement)

https://www.nait.ca/canadian-forces-program.htm

Le Canadian Forces Program (programme des Forces canadiennes) du Northern Alberta Institute of Technology (NAIT) permet aux militaires d'accéder à une variété de cours, d'options de mise à niveau et de programmes à temps plein. Le NAIT accorde des crédits aux militaires des FAC formés dans plus de 13 groupes professionnels, y compris les télécommunications aérospatiales, les cuisiniers, les ingénieurs maritimes, les commis de gestion des ressources, les techniciens d'armement et le leadership militaire.

Professional Development Institute (Institut de perfectionnement professionnel) de l'Université d'Ottawa (en anglais seulement)

https://pdinstitute.uottawa.ca/PDI/PDI/Programs/Coding-for-Veterans-Program/Coding-for-Veterans-Program.aspx

Coding for Veterans est un programme de recyclage en ligne, dirigé par un instructeur et suivi à votre rythme, offert en partenariat avec le Professional Development Institute de l'Université d'Ottawa. Il existe trois programmes : le Secure Software Development Program (programme de développement de logiciels sécurisés), le Network Associate Program (programme d'associé en réseau) et le Cyber Security Architect Program (programme d'architecte en cybersécurité). Ces programmes sont proposés à la fois à temps plein et à temps partiel et peuvent être achevés en huit mois seulement. À l'issue du programme, les étudiants reçoivent une certification reconnue par l'industrie et un certificat de perfectionnement professionnel de l'Université d'Ottawa.

Release Point Education (en anglais seulement)

https://releasepointeducation.ca/

Release Point Education, offre des programmes sur mesure pour les étudiants et les vétérans associés aux Forces armées, en mettant l'accent sur les voies de l'éducation et de l'emploi. Les services comprennent des consultations pour les établissements d'enseignement afin de soutenir les apprenants liés aux Forces armées et des solutions d'embauche personnalisées pour les entreprises qui cherchent à employer des vétérans et leurs familles.

Université de l'Alberta (en anglais seulement)

https://www.ualberta.ca/en/current-students/veteran-friendly-campus/index.html

L'Université de l'Alberta accueille les militaires et les vétérans canadiens et leur offre un soutien personnalisé dans le cadre de son programme « Military and Veteran Friendly Campus » (Campus convivial pour les militaires et les vétérans). Cela comprend un comité consultatif, la planification des carrières, une aide financière et des services de transition. Grâce à des bourses d'études, des ressources spécifiques et une communauté de soutien, le programme vise à aider les militaires à s'adapter à la vie académique et civile, en encourageant la réussite et l'inclusion.

Université d'Athabasca (en anglais seulement)

https://www.athabascau.ca/academic-partnerships/military.html

L'Université d'Athabasca accepte de transférer des crédits pour l'expérience militaire afin qu'un étudiant puisse réduire le nombre de cours requis pour obtenir un diplôme. Les militaires doivent d'abord faire une demande d'admission et être acceptés à l'Université d'Athabasca, puis leur expérience militaire doit être évaluée par le bureau de soutien des militaires à l'Université du Manitoba. Les crédits approuvés seront, le cas échéant, utilisés pour le programme de l'étudiant.

Université de Colombie britannique, programme de l'Institute for Veterans Education and Transition (IVET) (en anglais seulement)

https://ivet.educ.ubc.ca/

Le programme IVET de l'université de Colombie britannique permet aux personnes liées à l'armée et en transition de service d'explorer de nouvelles possibilités d'études et de carrière. Il fournit des consultations, des formations et des ressources éducatives pour assurer une transition réussie vers la vie civile.

Université du Manitoba, Military Support Office (bureau de soutien des militaires) (en anglais seulement)

https://umanitoba.ca/student-supports/military-support-office

- Instauré en 1974, le bureau de soutien des militaires de l'Université du Manitoba reconnaît et facilite la formation, la mobilité et le déploiement des militaires. En partenariat avec le MDN, l'université offre des crédits pour certains cours et certaines formations militaires, autorise les abandons de cours ou le remboursement des droits de scolarité si ou lorsque le service militaire entre en conflit avec des cours, et offre de l'aide scolaire et un soutien pour répondre aux besoins éducatifs du personnel des FAC.

- Les militaires peuvent saisir leur code de groupe professionnel militaire (CGPM) et leur niveau de formation dans la base de données du transfert de crédits militaires (https://umanitoba.ca/student-supports/military-support-office/transfer-credit-form) (en anglais seulement) pour déterminer (de façon non officielle) s'ils sont admissibles à des crédits. Ils peuvent transmettre leur Sommaire des dossiers du personnel militaire (SDPM) et tout relevé de notes provenant d'autres établissements postsecondaires afin de recevoir une évaluation officielle des crédits de transfert, sans frais.

Université du Nouveau-Brunswick (UNB) (en anglais seulement)

https://unb.ca/cel/credit/military/index.html

L'Université du Nouveau-Brunswick (UNB) évalue l'instruction militaire afin de reconnaître tout crédit applicable à ses programmes. Les candidats doivent fournir leur Sommaire des dossiers du personnel militaire (SDPM), leurs rapports de cours de langue seconde, leurs relevés de notes pertinents avec la description des cours, une demande d'inscription à l'Université du Nouveau-Brunswick dûment remplie et le paiement des frais. L'Université du Nouveau-Brunswick offre également l'évaluation et la reconnaissance des acquis.

Ressources pour le renforcement des connaissances pour les prestataires de services non liés aux FAC

De nombreuses informations et ressources sont désormais disponibles pour aider les prestataires de services non militaires à mieux comprendre le langage, la culture et l'éthos militaires.

Introduction aux Forces armées canadiennes (« FAC 101 »)*

https://www.canada.ca/fr/ministere-defense-nationale/organisation/rapports-publications/transition-ministerielle/transition-sm-deleguee/fac-101.html

Il s'agit d'une vue d'ensemble des FAC, notamment de sa direction, de ses missions principales, de sa structure organisationnelle et de son lien avec le ministère de la Défense nationale.

Glossaire des termes relatifs à la transition d'une carrière militaire dans le domaine civil

https://community.challengefactory.ca/dictionary/

Ce glossaire fournit des définitions claires des termes utilisés dans les contextes militaires et de développement de carrière. En facilitant l'accès à la terminologie essentielle, le glossaire permet à chacun de s'y retrouver dans la complexité du langage militaire et de mieux comprendre la transition de carrière. Remarque : Le financement de ce glossaire a été généreusement fourni par le Fonds de développement des compétences du gouvernement de l'Ontario dans le cadre du projet Veteran Friendly Ontario (VFO), une collaboration à plusieurs niveaux entre La Fondation Les Fleurons glorieux et Challenge Factory.

Grades et nominations dans les FAC

https://www.canada.ca/fr/services/defense/fac/systeme-identite-militaire/insignes-grade-fonction.html

Découvrez les grades, les classifications et les acronymes des FAC. Note : Dans la Marine, les grades sont équivalents mais peuvent porter un nom différent.

Groupes professionnels militaires des FAC

https://forces.ca/fr/carrieres

Décrit les différentes carrières disponibles au sein des FAC et met en évidence celles qui sont en demande et qui offrent des primes à la signature.

Les valeurs et l'éthos des FAC

https://forces.ca/fr/valeurs-esprit/

Découvrez les valeurs qui sous-tendent la culture des FAC et certains des travaux réalisés pour parvenir à un changement durable dans les domaines qui ont besoin d'être renforcés. Les domaines ciblés comprennent l'équité en matière d'emploi, l'inclusivité de genre, les normes en matière d'uniformes et d'apparence, les congés pour raisons familiales, la santé et le bien-être, et la question de l'inconduite sexuelle.

Servir avec honneur : La profession des armes au Canada

https://publications.gc.ca/collections/collection_2011/dn-nd/D2-150-2003-1-fra.pdf

Cette publication de 2003 est un ouvrage de référence pour la description de l'histoire militaire et de la culture militaire de base du Canada.

Recherche/nouvelles initiatives

Les recherches continues sont essentielles à l'élaboration de services et de programmes adéquats pour les vétérans des FAC.

Challenge Factory

https://community.challengefactory.ca/three-research-backed-hiring-resources-for-employers/

Challenge Factory s'engage à fournir des données factuelles pour faciliter la transition des vétérans vers le monde du travail. Il s'agit notamment de démystifier les idées préconçues des employeurs et de mieux comprendre les motivations et les comportements des vétérans.

Déclaration du Premier ministre à l'occasion de la Semaine des vétérans (2023)

https://www.pm.gc.ca/fr/nouvelles/declarations/2023/11/05/declaration-du-premier-ministre-loccasion-de-la-semaine-des

Dans sa déclaration à l'occasion de la Semaine des vétérans (du 5 au 11 novembre 2023), le premier ministre Justin Trudeau a annoncé l'ajout de ressources supplémentaires pour les vétérans en transition vers la vie civile, notamment :

- Fonds pour le bien-être des vétérans et de leur famille :
  https://veterans.gc.ca/fr/programmes-et-services-financiers/programmes-de-financement-lintention-dorganismes/le-fonds-pour-le-bien-etre-des-veterans-et-de-leur-famille

- Plan d'action en matière d'accessibilité 2022-2025 :
  https://www.veterans.gc.ca/fr/propos-dacc/nos-valeurs/laccessibilite-anciens-combattants-canada/plan-daction-en-matiere-daccessibilite-2022-2025

- Ressources sur l'analyse comparative entre les sexes plus : https://www.canada.ca/fr/femmes-egalite-genres/analyse-comparative-entre-sexes-plus/ressources.html

Enquête sur la vie après le service militaire (EVAS)

https://www23.statcan.gc.ca/imdb/p2SV_f.pl?Function=getSurvey&Id=1228312

Le programme de recherche EVAS vise à nous aider à mieux comprendre la transition de la vie militaire à la vie civile, et, en fin de compte, à améliorer la santé des vétérans au Canada. Les partenaires de l'EVAS sont Anciens Combattants Canada, le ministère de la Défense nationale/les Services de bien-être et moral des Forces armées canadiennes – publications et recherche, et Statistique Canada. À l'avenir, les FAC et ACC collaboreront avec Statistique Canada pour que, dans le cadre de chaque recensement, des renseignements soient recueillis sur l'expérience militaire canadienne.

Institut canadien de recherche sur la santé des militaires et des vétérans

https://cimvhr.ca/fr/

Il s'agit d'un consortium de plus de 30 universités canadiennes activement engagées dans des recherches sur les besoins en santé des militaires, des vétérans et de leur famille afin d'améliorer leur qualité de vie.

Plan global pour les familles des militaires – Recherches

https://sbmfc.ca/a-propos/nos-strategies/plan-global-familles-militaires

À partir de cette page Web des SBMFC, vous pouvez télécharger plusieurs rapports de recherche et publications au sujet des familles de militaires.

PROFIL D'UN VÉTÉRAN

« Une partie de ma vie »

Lucy, qui a quitté l'armée depuis plus de deux ans, explique qu'une adaptation à la vie civile un nécessaire après avoir porté l'uniforme pendant plus de 30 ans. Sa décision de rejoindre les FAC a été influencée par les six années qu'elle a passées avec les cadets de l'Air et par le fait qu'avec les FAC, elle aurait la garantie d'avoir un emploi, de recevoir une instruction et de voir le monde.

Lucy a suivi l'instruction élémentaire et était en route pour le collège militaire lorsqu'elle a changé de voie et est retournée dans le nord de l'Ontario pour suivre un autre programme d'études dans une université publique. Sans soutien financier de la part de sa famille, Lucy a demandé des prêts étudiants, s'est engagée dans la Réserve et a pris un emploi supplémentaire à temps partiel, prenant ainsi une année de plus pour obtenir son diplôme en administration des affaires.

Après l'université, Lucy a occupé un poste de classe B sur une base, a rencontré son mari et est passée à un rôle civil, en tant que gestionnaire du mess, tout en conservant son statut de réserviste. En tant que réserviste, elle a eu l'occasion d'être déployée en Bosnie et, pendant ce temps, elle a effectué un transfert vers la Force régulière. Vingt-sept ans et demi plus tard, Lucy a pris sa retraite de la Force régulière en tant que lieutenant-colonel.

Mariée à un militaire du rang, Lucy raconte que cette relation n'a pas toujours été bien perçue par ses pairs et ses supérieurs et qu'elle a posé quelques problèmes. En tant que femme au sein des FAC, elle a également dû relever d'autres défis. Dans son dernier poste, elle déclare ne pas s'être sentie soutenue par les militaires du rang supérieurs. C'est à cette époque qu'elle a pris la décision difficile de prendre sa retraite, un peu plus tôt que prévu. « Je savais qu'il était temps pour moi, afin de ne pas jeter un regard négatif sur mon passage dans l'armée. J'ai eu une belle carrière. »

Pendant ses nombreuses années dans les Forces armées, Lucy et son mari ont eu la chance d'être toujours affectés ensemble, malgré cinq déménagements. Le fait qu'ils puissent être affectés ensemble (il travaillait dans un métier militaire portable) a contribué à préserver l'intégrité et la stabilité de leur famille. Certains de ses meilleurs souvenirs sont nés de la possibilité de voyager dans le monde entier et elle a de très bonnes histoires à raconter à ce sujet.

En fait, Lucy regrette les déplacements liés à la vie militaire. « J'ai aimé pouvoir être affectée avec ma famille. Je n'aime pas trop la stabilité. » La camaraderie et la culture des amis qui sont devenus une partie de sa famille lui manquent également.

Le contrat de Lucy lui permettait de donner un préavis de 30 jours, elle a donc demandé conseil à des amis qui avaient déjà quitté le service militaire. Ils ont partagé leurs expériences et lui ont parlé des services qu'elle devrait connaître, y compris les services de rédaction de CV dont elle a profité. Elle travaille aujourd'hui à temps plein en tant que fonctionnaire. C'est dans ce rôle qu'elle doit faire face à sa plus grande adaptation. « Je dois maintenant assortir mes propres vêtements », dit-elle en riant.

Lucy offre ces quelques conseils précieux à ceux qui cherchent à se reconvertir.

- ✓ Vous devez être à l'aise avec qui vous êtes… en paix avec vous-même. Personne ne vous le dira. C'est à vous de le découvrir.
- ✓ Communiquez avec des personnes qui ont quitté les Forces. Avant de vous lancer, faites-vous une idée de leur expérience afin de savoir comment les choses vont se dérouler et quelles sont les ressources dont vous avez besoin.
- ✓ N'ayez pas peur de poser des questions et ne prétendez pas savoir quand vous ne savez pas.
- ✓ Créez des liens avec le personnel qui vous aide dans votre transition, de sorte que, si nécessaire, après votre départ, vous puissiez facilement assurer le suivi grâce au lien que vous avez déjà établi.

« J'ai adoré le service [dans les FAC], mais ce n'était pas toute ma vie. Cela a été une partie de ma vie. »

CHAPITRE 13

Conclusion et apprentissage

Cette deuxième édition du guide intitulé *D'une carrière militaire à un emploi civil : guide de l'intervenant en développement de carrière* présente une vue d'ensemble de la transition entre l'armée et un emploi civil. Des multiples listes, questions, liens et renseignements fournis, nous souhaiterions que vous reteniez ceci : bien que la transition puisse présenter des défis, il reste possible de bien gérer le tout – avec une préparation, une planification, des renseignements, du soutien et des ressources.

Pour un militaire en service dans les FAC, pendant toute la durée de son mandat, les Forces offrent un cocon de soutien centré sur l'équipe, où l'objectif et la mission sont partagés. Lorsque le militaire part, volontairement ou non, il est important que les intervenants en développement de carrière ne négligent pas l'impact de cette perte sur l'adaptation du vétéran à la vie civile. Et bien qu'il soit vrai que toute personne ayant travaillé au sein d'une organisation pendant plusieurs années aura besoin d'une période d'adaptation, il n'arrive pas souvent qu'un groupe de travailleurs différents admettent s'ennuyer des mêmes choses, comme la mission et l'objectif partagés.

Le profil de Charles nous rappelle que la culture de l'armée est très différente de celle de la plupart des entreprises du secteur privé, que l'armée est davantage un mode de vie qui transcende la nature du lundi au vendredi de la plupart des emplois civils. « Dans l'armée, on fait partie de quelque chose de plus grand. Les militaires en transition sont à la recherche de ce même type d'attachement et d'un objectif plus important. »

En plus de cet objectif de vie, le service militaire offre à ses membres une panoplie d'occasions de faire face à des défis et de les surmonter. Les intervenants en développement de carrière qui travaillent avec des clients militaires peuvent tirer avantage de cette habileté en leur rappelant, comme l'a mentionné

Marcel, « le militaire », qu'ils ont déjà relevé des défis et qu'ils peuvent le faire à nouveau, avec du soutien.

Les témoignages des membres présentés continuent de faire écho. Ils permettent de mettre des visages sur les informations contenues dans ce guide. Il est donc de mise de terminer ce guide en offrant le dernier mot à Carl, Alberto, Marcel, Lucy, Charles, Blake, Kevin et à tous ceux que nous ne rencontrerons jamais face à face. Nous répéterons ici leurs conseils parce qu'ils méritent de l'être.

De Carl :

- ✓ Préparez-vous à l'avance, si vous avez le luxe de le faire.
- ✓ Prévoyez un peu de temps chaque jour de travail, à mesure que vous vous rapprochez de la fin, pour planifier la transition. Cela vous donnera confiance en vous.
- ✓ Développez des connaissances financières en ce qui concerne la planification de votre REER.
- ✓ Au cours de votre dernière année de service, prévoyez de vivre de l'équivalent du revenu que vous toucherez à votre retraite. Cela vous aidera à prendre une décision quant aux emplois que vous pourrez occuper après votre départ à la retraite.
- ✓ Déclarez rapidement toute blessure liée au service, même si elle n'a pas d'incidence sur votre vie quotidienne. Vous pourriez avoir droit à des prestations d'invalidité après le service.

Lucy offre ces quelques conseils précieux à ceux qui cherchent à se reconvertir :

- ✓ Découvrez et apprenez à vous sentir à l'aise dans votre peau en dehors de l'uniforme.
- ✓ Communiquez avec des personnes qui ont quitté les Forces.
- ✓ N'ayez pas peur de poser des questions et ne prétendez pas savoir quand vous ne savez pas.
- ✓ Créez des liens avec le personnel qui vous aide dans votre transition, de sorte que, si nécessaire, après votre départ, vous puissiez facilement assurer le suivi grâce au lien que vous avez déjà établi.

Charles a combiné ses conseils avec des idées et des observations tirées de sa vie et de ses discussions avec sa femme :

- ✓ L'état d'esprit et l'attitude sont vraiment importants.
- ✓ La façon dont la transition est vécue est très personnelle et très individuelle. Les personnes qui vivent une transition réussie ont probablement en majorité choisi de partir volontairement et étaient prêtes à passer à autre chose. D'un autre côté, celles qui vivent mal la transition ont vraisemblablement dû quitter par obligation et non par choix, ou parce qu'elles ne savent pas ce qu'elles feront dans le monde civil.
- ✓ N'acceptez pas le premier emploi qu'on vous propose. Veillez à ce qu'il corresponde à vos attentes.

Alberto nous offre ces conseils très pertinents :

- ✓ « N'entamez pas votre transition sur un coup de tête. Assurez-vous d'être prêt financièrement et de savoir ce que vous voulez faire. Planifiez-le à l'avance. »
- ✓ Il est important de savoir quand il est temps de partir.
- ✓ Préparez-vous à ce que les choses prennent plus de temps lorsque vous n'êtes plus dans l'armée.

Marcel rappelle deux choses aux militaires en transition :

- ✓ L'organisation survivra sans vous. À un moment donné, il faut prendre du recul et penser d'abord à soi.
- ✓ Créez des liens avec le monde civil bien avant votre départ.

Voici les conseils de Kevin aux militaires en transition :

- ✓ Tournez-vous vers un nouveau réseau de soutien – une équipe qui vous donnera de l'énergie et de l'autonomie.
- ✓ Soyez honnête avec les gens.
- ✓ Ayez dans votre entourage des personnes avec lesquelles vous pouvez avoir de vraies discussions sans jugement.
- ✓ Assurez-vous de ne pas avoir peur de demander de l'aide. « Je ne peux pas me soucier plus de toi que tu ne te soucies de toi-même. »

Et Blake, parfois poétique, recommande ce qui suit :

- ✓ Faites du réseautage! Qu'il s'agisse de vétérans ou de simples citoyens, on ne sait jamais où ces relations peuvent vous mener.
- ✓ Trouvez votre nouvelle communauté. Laissez l'armée derrière vous pour prendre le contrôle de votre transition, en façonnant votre avenir avec les valeurs héritées de l'armée.
- ✓ Rédigez votre propre intention de commandant.
- ✓ Autorisez-vous à faire votre deuil. « Il y a un deuil à faire – du temps perdu, des amis perdus… Accordez-vous le temps de faire votre deuil. »

Dans l'ensemble, nos héros répètent les messages clés qu'ils ont partagés lors de la rédaction de la première édition de ce guide : la préparation, la perspective et les personnes (réseaux) facilitent la réussite des transitions entre le monde militaire et le monde civil.

Mais il faut aussi autre chose. Nos systèmes et nos méthodes de prestation de services ne doivent pas devenir bureaucratiques au point où les personnes s'y perdent. Comme Charles l'a mentionné dans son entrevue, l'expérience de transition actuelle est très axée sur les processus et constitue un système unique et non personnalisé. Il pense qu'il faut dès le départ qu'un conseiller formé puisse repérer parmi les militaires en transition lesquels sont en difficulté et auront besoin de plus d'aide au cours du processus peut leur donner une bon coup de main pour atteindre un point où ils seront prêts à partir et en paix avec cette décision.

Et qu'avons-nous appris des témoignages de Simone et de Dahlia que nous pouvons mettre à profit dans notre travail avec les conjoints/partenaires de militaires?

- ✓ Ne soyez pas timide et n'ayez pas peur de demander de l'aide. De nombreuses ressources sont à la disposition des conjoints et des familles des militaires.
- ✓ Construisez un CV solide où, en plus des compétences, des qualités perfectionnées telles que l'ouverture d'esprit, l'adaptabilité, la volonté d'apprendre et la capacité à vous adapter aux changements sont mises en avant.
- ✓ Envisagez de retourner à l'école ou de suivre des cours qui vous aideront à obtenir un meilleur emploi.

- ✓ Apprenez à vous connaître et assurez-vous que ce que vous faites vous apporte de la joie. Cela aura un impact important sur votre relation avec votre conjoint et votre entourage.
- ✓ Apprenez une nouvelle langue (devenez bilingue).
- ✓ Créez votre propre entreprise.

Simone nous rappelle en outre qu'un conjoint qui est soutenu par le militaire et qui se sent respecté et apprécié gérera mieux les déménagements et les transitions inévitables qui accompagnent la vie militaire. « Ils n'ont peut-être pas de médailles à faire valoir, mais ils ont eux aussi joué leur rôle. »

Les militaires en transition et leurs familles ont besoin de prestataires de services qui comprennent leur situation, peuvent leur apporter un soutien pratique et les aider à trouver un emploi et à surmonter les obstacles qui s'y opposent.

C'est ce que font tous les jours les intervenants en développement de carrière comme nous, qu'ils fournissent des services au sein des FAC ou dans d'autres secteurs. C'est pourquoi notre travail auprès des militaires et des vétérans en transition est essentiel. Nous pouvons contribuer à ce que les transitions entre une carrière militaire et un emploi civil se produisent en douceur!

Annexes

Crédit photo : Caméra de combat des Forces canadiennes, MND

ANNEXE 1

Exercice de réflexion

Les questions et activités suivantes ont été fournies par Elaine Piper et sont utilisées avec sa permission.

Veuillez noter qu'en tant que professionnels certifiés en développement de carrière, si vous travaillez avec un membre qui souffre d'une blessure de stress opérationnel, il est important de consulter son professionnel de la santé mentale afin de déterminer si cet exercice est approprié pour la personne. Vous pourriez personnaliser cet exercice à la situation de la personne, et faire de même avec tout autre exercice et toute autre activité que vous choisissez.

La réflexion est le processus qui consiste à examiner ses pensées et ses sentiments. Il vous permet de revenir sur vos expériences professionnelles passées et présentes et de fixer des objectifs pour votre future carrière. La réflexion est une première étape essentielle du processus de transition de carrière.

L'objectif des questions suivantes est de déterminer les compétences que vous maîtrisez et que vous aimeriez utiliser dans votre prochaine carrière, l'endroit où vous vous voyez dans une structure organisationnelle, ainsi que le type d'organisation dans laquelle vous aimeriez travailler.

Il est préférable de travailler sur cet exercice périodiquement sur une période de 7 jours, car votre mémoire subconsciente vous ramènera les expériences à l'esprit pendant le processus de réflexion. Prenez chaque jour le temps de réfléchir tranquillement à ces questions.

Une fois le travail terminé, discutez de vos réponses avec un intervenant en développement de carrière qualifié pour vous aider à traiter les informations relatives à la planification de carrière, à la prise de décision et à la recherche d'emploi.

1. Déterminez et décrivez des situations tout au long de votre carrière où **VOUS avez éprouvé une grande satisfaction personnelle**. Il peut s'agir d'expériences de bénévolat et d'activités communautaires

ou d'emplois rémunérés. Les situations doivent simplement être précieuses à VOS yeux et n'ont pas besoin d'être reconnues par d'autres. Bien évidemment, si d'autres personnes reconnaissent ces situations également, cela est parfaitement acceptable.

Dans vos descriptions, veuillez inclure les informations suivantes :

- Votre rôle/titre de poste
- Le lieu où la situation s'est produite
- La période
- Ce que vous avez fait
- Quel a été le résultat

Exemple :

- Maire, Conseil communautaire de Shilo
- Shilo (Manitoba)
- 2019-2022
- Obtention d'un financement pour doubler le nombre de parcelles de jardins communautaires. Transfert de la responsabilité de l'enregistrement d'un partenaire communautaire à un sous-comité nouvellement créé de résidents de la communauté.
- L'engagement communautaire des 565 ménages vivant dans des logements militaires s'est accru, la production de produits frais a été stimulée et des choix de vie sains ont été adoptés.

2. Dressez une liste de vos titres/rôles professionnels (en commençant par le plus récent et en remontant jusqu'au premier).

- Ajoutez une colonne à votre liste – ce que vous avez aimé dans le rôle (sous forme de liste à puces).
- Ajoutez une autre colonne à votre liste – ce que vous n'avez pas aimé dans le rôle (sous forme de liste à puces).
- Tenez compte de facteurs tels que le lieu, l'environnement de travail, la culture de travail, les relations avec les collègues, les relations avec les supérieurs/la chaîne de commandement, les tâches assignées, les réalisations et les résultats du travail.

- Quelles sont les tendances, s'il y en a, que vous observez dans les points positifs et négatifs? Idéalement, dans votre carrière idéale, vous souhaitez que les points positifs constituent la majeure partie de votre rôle et que les points négatifs soient réduits au minimum.

Exemple :

Titre du poste	J'ai aimé	Je n'ai pas aimé

3. Lors de vos examens du rendement, quels sont les domaines dans lesquels vous avez obtenu les meilleures notes ou la rétroaction la plus positive? Avez-vous aimé accomplir ces tâches? Si oui, pourquoi? Si ce n'est pas le cas, pourquoi?

4. Quand je travaille, le temps passe vite quand je _____.

5. Au travail, j'ai une réputation de _____.

6. Au travail, les gens viennent me voir pour me poser des questions sur _____.

7. Quels types de tâches, de situations ou de personnes « drainent » votre énergie dans vos fonctions actuelles et passées?

8. Qu'est-ce qui vous distingue des autres personnes qui occupent le même poste que vous? Qu'est-ce qui vous semble facile et que vos pairs trouvent difficile ou un défi?

9. Comment souhaitez-vous vous positionner au sein d'une organisation dans votre prochaine fonction? Vous voulez devenir chef, gestionnaire, superviseur, technicien ou ouvrier?

    a. Quels sont vos atouts pour occuper ce poste au sein d'une organisation?

    b. Quelles sont vos faiblesses pour ce poste au sein d'une organisation?

10. Quelles sont, selon vous, vos principales compétences les plus recherchées (nommez-en de 3 à 5)? Donnez un bref exemple pour chacune d'elles. Pour chaque exemple, veuillez inclure les informations suivantes :

    a. Votre rôle/titre de poste

    b. Le lieu où la situation s'est produite

Exercice de réflexion

    c. La période

    d. Ce que vous avez fait

    e. Quel a été le résultat

11. Comment décririez-vous votre poste/rôle « idéal »?

12. Quelle valeur apportez-vous à une organisation? Quel est votre super pouvoir?

13. Comment décririez-vous l'organisation « idéale » dans laquelle vous aimeriez travailler?

14. En dehors du travail, quels sont vos loisirs, vos centres d'intérêt, les sports ou les loisirs que vous pratiquez?

ANNEXE 2

Exemple de CV – Conjoint de militaire

Céleste Augustine
Shannon (Québec)
☎ : 418 555-5555
✉ : celesteaugustine@hotmail.com

PROFIL PROFESSIONNEL

- Plusieurs années d'expérience professionnelle en administration et en service à la clientèle
- Capacité à effectuer des recherches et à rédiger des rapports
- Excellentes aptitudes en communication orale et écrite, avec un bon esprit de travail d'équipe et un bon sens de l'organisation;
- Capacité à effectuer des tâches administratives et des transactions financières avec précision;
- Grande attention aux détails et capacité à travailler de manière méthodique
- Expérience éprouvée dans l'établissement de relations positives avec les collègues et les clients
- Maîtrise de la suite Microsoft Office, d'Internet et des plateformes de médias sociaux.

ÉDUCATION ET FORMATION

Diplôme d'études professionnelles en gestion hôtelière
Mérici Collégial Privé, Québec (2017)

Diplôme d'études secondaires
Polyvalente Le Boisé, Québec (2011)

Formation Client Plus, programme national de service à la clientèle
Mérici Collégial Privé, Québec (2002)

EXPÉRIENCE PROFESSIONNELLE

Commis administratif
CHUL, Québec   2019 à 2020
- Répondre aux appels téléphoniques et les rediriger
- Accueillir les clients, répondre à leurs questions et les orienter vers les bonnes ressources
- Programmer, reporter et confirmer des rendez-vous
- Ouvrir et fermer des dossiers
- Répondre aux demandes des médecins
- Photocopier et télécopier des formulaires
- Gérer l'agenda des professionnels

Secrétaire-réceptionniste
Clinique médicale privée, Montréal   2016 à 2018
- Accueilli les clients, pris et confirmé les rendez-vous
- Répondu au téléphone et transféré les appels à la personne ou au service approprié
- Coordonné l'ensemble de la correspondance par courriel et assuré un suivi en temps utile
- Saisi et classé les informations pertinentes dans les dossiers des clients

- Encaissé, documenté et sécurisé les paiements des clients
- Élaboré des tableaux d'inventaire et créé un guide de procédures pour les nouveaux employés

Préposée aux loisirs
Complexe récréatif, Garnison Petawawa   2013 à 2015
- Créé un environnement accueillant pour les clients et les a orientés vers la zone ou la personne appropriée
- Contrôlé l'accès aux installations et l'utilisation des équipements et des services pour les clients autorisés
- Fourni aux clients des informations sur les installations, les services et l'ensemble des activités
- Ouvert et fermé les installations conformément aux règlements en matière de sécurité
- Géré les litiges mineurs et transmis les conflits entre clients à l'autorité compétente
- Patrouillé régulièrement dans les installations pour s'assurer du respect des règles et règlements
- Inspecté l'équipement et les installations et signalé tout bris, vol, vandalisme ou atteinte à la sécurité.

Caissière
Canac Marquis Grenier, Québec   2000 à 2012
Épicerie Métro, Québec (temps partiel)
- Opéré la caisse enregistreuse et validé les modes de paiement
- Répondu au téléphone et acheminé les appels
- Classé les factures, équilibré la caisse enregistreuse et imprimé les rapports de caisse
- Approvisionné les rayons en fonction des besoins

BÉNÉVOLAT

Membre du comité du Café Découverte pour la programmation communautaire
Centre de ressources pour les familles militaires Valcartier, Shannon (Québec)   2023 à 2024

Membre du comité de la Journée internationale de la femme pour l'organisation de l'événement
Centre de ressources pour les familles militaires Valcartier, Shannon (Québec)   2018 et 2019

DES RÉFÉRENCES SERONT FOURNIES SUR DEMANDE

Source : Cet exemple de curriculum vitæ a été généreusement préparé et fourni par Cindy Girard-Grenier et Nathalie Kirouac, Conseillères d'orientation/Guidance Counsellors, Centre de ressources pour les familles militaires Valcartier/Valcartier Military Family Resource Centre.

ANNEXE 3

Exemple de CV – Vétéran

MASON CUMMINGS, CD, Maîtrise en GSSI
403-556-5556 | Cummings@gmail.com

CHEF DE SECTION RESPONSABLE DE LA PRESTATION DE SERVICES

Un **leader** dynamique, innovant et **stratégique** avec plus de 10 ans d'expérience progressive en tant que responsable informatique mettant en œuvre les meilleures pratiques de transformation des systèmes dans les Forces armées canadiennes. Reconnu pour sa capacité à traduire les objectifs stratégiques en actions tactiques, à développer le personnel et à favoriser la planification collaborative pour obtenir l'**adhésion** à tous les niveaux.

- Gestion des changements en TI
- Optimisation des services numériques
- Sécurité de l'information et éthique
- Gestion des relations avec les intervenants gouvernementaux
- Partenariats communautaires et relations externes
- Planification stratégique et mise en œuvre des politiques
- Leadership et renforcement de l'esprit d'équipe
- Gestion des ressources humaines
- Communications interfonctionnelles

ÉTUDES

Maîtrise en gestion de la sécurité des systèmes d'information (GSSI) 09/2022 – 05/2024
Université Concordia d'Edmonton (Alberta), Canada
- ✓ Obtention de la prestigieuse bourse d'excellence pour les diplômés de l'Alberta (GPA de 3.9), soit les frais de scolarité payés pendant un an.

Baccalauréat en informatique | Collège militaire royal | Kingston, Ontario, Canada 2011

PERFECTIONNEMENT PROFESSIONNEL

Formation formelle en leadership et en gestion
Gestion et théorie avancées des TI militaires
Fondements de la bibliothèque d'infrastructure des TI (BITI)
Cycle de vie des services de la BITI – Opérations liées aux services
Cycle de vie des services de la BITI – Amélioration des services

Gestion des dépenses
Dotation pour gestionnaires
Sensibilisation aux médias
Sensibilisation à la sécurité
Gestion de la sécurité

Sécurité des systèmes d'information
Formation du coordinateur de l'éthique de l'unité
Gardien de la sécurité des télécommunications
Prévention et résolution du harcèlement
Accréditation d'officier président

COMPÉTENCES TECHNIQUES

Logiciels : MS Office | Visio | SharePoint | Axios ASSYST | Centre de Service Express | Systèmes des RH des FAC
Systèmes d'exploitation : Windows | Linux | Android | BlackBerry **Langages de programmation :** Java | C | Assembleur
Langues : anglais et français

ANTÉCÉDENTS PROFESSIONNELS – Forces armées canadiennes

Officier de gestion de l'information 07/2019 – 11/2022
Quartier général du 1er Groupe-brigade mécanisé du Canada, Base des Forces canadiennes Edmonton, Edmonton (Alberta)

A rendu compte au chef d'état-major de l'utilisation efficace des TI et de la politique de gestion de l'information pour permettre à 4 500 membres du personnel de travailler plus efficacement. A dirigé une équipe de 4 personnes chargée de la gestion du site SharePoint, du stockage des fichiers et du flux d'informations; des politiques et procédures pour la saisie des données dans une myriade de systèmes d'enregistrement; de l'analyse des données et de la production de rapports; de l'archivage et de l'élimination des documents de valeur commerciale conformément à la Loi sur la Bibliothèque et les Archives du Canada.

Mason Cummings   Page 2/3   403=556-5556

ANTÉCÉDENTS PROFESSIONNELS (suite) – Forces armées canadiennes

- ✓ A assuré la liaison avec l'équipe de projet pour migrer des lecteurs partagés et les données de SharePoint 2010 vers 2016 sans perturber le personnel.
- ✓ A simplifié les procédures de SharePoint afin de réduire le temps consacré par le personnel aux métadonnées superflues et d'en améliorer l'accessibilité.
- ✓ A mis en place une gestion de l'information basée sur les activités afin d'encourager la collaboration interministérielle et de décourager l'élaboration de plans en vase clos.
- ✓ A documenté les besoins des utilisateurs finaux et les exigences de configuration pour de multiples réseaux d'exercice.
- ✓ A été sélectionné pour représenter le Canada au cycle d'examen des normes de GI d'ABCANZ 2021 aux côtés de l'OMI de l'armée.
- ✓ A assuré la liaison avec les équipes de développement pour les systèmes des RH, SIG et C2 personnalisés afin de répondre aux besoins d'information de la brigade.

Officier des transmissions, officier de sécurité des systèmes d'information et gardien de la sécurité des télécommunications   07/2017 – 07/2019
1er Bataillon des services, Base des Forces canadiennes Edmonton, Edmonton (Alberta)

Responsable de la gestion des TI sous la responsabilité de l'officier commandant. A établi, maintenu et géré une infrastructure de TI d'une valeur de 8 millions de dollars en garnison et sur le terrain pour 1 200 membres de l'unité. A dirigé une équipe interdisciplinaire de 34 personnes réparties dans cinq services, dont le centre de services, la ligne et l'infrastructure, la maintenance des systèmes de communication, les stockages de signaux et le coffre de sécurité des télécommunications. A déterminé et recommandé des possibilités d'améliorer en collaboration les systèmes de communication et la sécurité à long terme.

- ✓ A conçu et mis en œuvre plusieurs systèmes de réseaux déployables sur le terrain pour répondre aux besoins de l'organisation.
- ✓ A proposé et mis en œuvre un système permettant de réduire les délais de construction des infrastructures de camp de 72 heures à 4 heures.
- ✓ A représenté les intérêts de l'unité lors des grandes conférences de planification des TI, en veillant à ce que les ressources soient affectées de manière appropriée.
- ✓ A permis au personnel d'une section en difficulté de disposer de ressources et d'une formation supplémentaires.
- ✓ A noué des relations avec d'autres officiers de la sécurité des systèmes d'information afin de normaliser les processus.
- ✓ A développé et présenté des séances d'information annuelles et trimestrielles sur la sécurité des TI.
- ✓ A découvert et résolu des erreurs dans la gestion des équipements, ce qui a permis aux Forces armées canadiennes d'économiser un million de dollars.
- ✓ A optimisé l'efficacité du centre de service de l'unité en fournissant des comptes d'administrateur à des employés sélectionnés.
- ✓ A analysé les budgets ministériels afin d'identifier et de réaffecter les fonds non dépensés.

Commandant adjoint de l'escadron et OSSI de la BFC Shilo   10/2016 – 07/2017
77e Régiment des lignes – 3e Escadron de poseurs de lignes, Base des Forces canadiennes Shilo, Shilo (Manitoba)

A rendu compte au commandant pour la gestion financière d'un budget annuel de 850 000 dollars ainsi que l'administration de 97 employés répartis sur 11 emplacements dispersés. A rempli les fonctions et responsabilités du commandant en l'absence du titulaire.

- ✓ A créé le premier budget annuel du 3e Escadron de poseurs de lignes sur la base des résultats stratégiques.
- ✓ A présenté à l'officier commandant les déficits budgétaires liés à des activités spécifiques devant faire l'objet d'une augmentation de budget.
- ✓ A recouvré 81 000 dollars auprès d'entrepreneurs pour cause de négligence ayant entraîné des dommages à l'infrastructure.
- ✓ A mis en œuvre une politique de signature électronique pour l'administration du personnel, ce qui a permis de réduire le temps de traitement de 50 %.
- ✓ A administré des mesures correctives pour remédier aux problèmes de rendement au travail.

✓ ANTÉCÉDENTS PROFESSIONNELS (suite) – Forces armées canadiennes

- ✓ A conseillé le personnel sur les processus des RH tels que la présentation de griefs et le suivi de l'évaluation du rendement.

Commandant de troupe C et OSSI de la BFC Shilo 04/2014 – 10/2016
77e Régiment des lignes – 3e Escadron de poseurs de lignes, Base des Forces canadiennes Shilo, Shilo (Manitoba)

A rendu compte au commandant de la prestation de services de téléphonie, de lignes et de systèmes de réseau. Gestion de 25 personnes interdisciplinaires en liaison avec Services partagés Canada (SPC) et le MDN sur la transformation des services de TI.

- ✓ Intégration de 9 services opérant sur 3 emplacements en 3 services virtuels avec des files d'attente partagées.
- ✓ A dirigé l'intégration des réseaux distincts de l'armée de terre et de l'armée de l'air afin qu'ils partagent un réseau de base commun.
- ✓ A recueilli et documenté les besoins des utilisateurs dans le cadre de projets d'infrastructure de plusieurs millions de dollars.

Commandant du détachement Shilo 10/2012 – 04/2014
Unité de services partagés de l'Ouest (USPO), Base des Forces canadiennes Shilo, Shilo (Manitoba)

A géré avec brio 20 membres du personnel du centre de service, de la téléphonie, des lignes et du réseau. A supervisé et introduit des améliorations dans le suivi du personnel et les communications, tout en traduisant les objectifs stratégiques de la Loi sur Services partagés Canada en initiatives locales.

- ✓ A rédigé et dirigé la mise en œuvre de réseaux locaux virtuels sur un réseau de base commun.
- ✓ A présenté des plans de mise en œuvre aux intervenants externes pour la création de l'USPO.
- ✓ A collaboré avec les unités opérationnelles sœurs pour éliminer les conflits de rôles et de responsabilités.
- ✓ A présidé le comité d'autorisation des changements.
- ✓ A programmé l'entretien de routine et d'urgence pour minimiser les impacts sur l'activité.

Remarques

Guide du lecteur

[1] « Définition d'un vétéran », Anciens Combattants Canada, consultée le 8 mars 2024, https://www.veterans.gc.ca/fr/propos-dacc/nos-valeurs/mandat#definition.

[2] Tableau 1.2 Nombre de vétérans par groupe d'âge et genre, Statistique Canada, Anciens Combattants Canada – Faits et chiffres, mis à jour en mars 2022, https://www.veterans.gc.ca/fr/nouvelles-et-medias/faits-et-chiffres/10-donnees-demographiques.

[3] M. Steven Harris, sous-ministre adjoint, Secteur de la prestation des services, ACC, témoignant devant le Comité permanent des anciens combattants, 82ᵉ réunion, 12 février 2024, https://www.noscommunes.ca/documentviewer/fr/44-1/ACVA/reunion-82/temoignages.

[4] *Notre Nord, fort et libre : Une vision renouvelée pour la défense du Canada*, n° de cat. D2-668/2024F-PDF (MDN, 2024), p. 33, https://www.canada.ca/content/dam/dnd-mdn/documents/corporate/reports-publications/2024/nord-fort-libre-2024-v2.pdf.

Introduction

[5] *Protection, Sécurité, Engagement. La politique de défense du Canada*, n° de cat. D2-386/2017F (MDN, 2017), p. 108, https://www.canada.ca/content/dam/dnd-mdn/documents/reports/2018/strong-secure-engaged/rapport-politique-defense-canada.pdf.

[6] *Ministère de la Défense nationale et Forces armées canadiennes, Plan ministériel 2024-2025*, n° de cat. D3-37F-PDF (MDN, 2024), https://www.canada.ca/content/dam/dnd-mdn/documents/corporate/reports-publications/2024/04-22-dp-2024-2025-fr.pdf..

[7] Localisez le centre de transition le plus proche de vous : https://military-transition.canada.ca/fr/localiser-les-centres.

Profil d'un vétéran

8 *Protection, Sécurité, Engagement. La politique de défense du Canada*, n° de cat. D2-386/2017F (MDN, 2017), p. 11, https://www.canada.ca/content/dam/dnd-mdn/documents/reports/2018/strong-secure-engaged/rapport-politique-defense-canada.pdf.

Chapitre 1 – Comprendre la vie et la culture militaires

9 « Introduction aux Forces Armées Canadiennes (FAC 101) », MDN, consulté le 25 septembre 2023, https://www.canada.ca/fr/ministere-defense-nationale/organisation/rapports-publications/transition-ministerielle/transition-mdn-26-juilliet-2023/fac-101.html.

10 « Valeurs & Éthos », Forces armées canadiennes, consulté le 9 septembre 2024, https://forces.ca/fr/valeurs-esprit/.

11 « DOAD 5002-9, Programme de formation universitaire à l'intention des militaires du rang – Force régulière », MDN, 19 novembre 2015, https://www.canada.ca/fr/ministere-defense-nationale/organisation/politiques-normes/directives-ordonnances-administratives-defense/serie-5000/5002/5002-9-programme-de-formation-universitaire-a-lintention-des-militaires-du-rang-force-reguliere.html.

12 « Programme d'études subventionnées », Forces armées canadiennes, https://forces.ca/fr/etudes-payees/.

13 « Contexte », *Rapport annuel du Comité directeur de Canada sans faille, juin 2022-mai 2023*, MDN, https://www.canada.ca/fr/ministere-defense-nationale/services/avantages-militaires/solde-pension-indemnites-prestations/reinstallation-deplacements-hebergement/canada-sans-faille/rapport-annuel-canada-sans-faille/contexte.html.

14 Le GIGPM assure l'instruction d'environ 17 000 membres des FAC chaque année (« Groupe de l'instruction de la génération du personnel militaire », MDN, dernière modification le 22 décembre 2021, https://www.canada.ca/fr/ministere-defense-nationale/services/avantages-militaires/education-formation/etablissements/groupe-instruction-generation-personnel-militaire.html). Pour une liste d'autres écoles et établissements d'instruction militaires, consultez le site https://www.canada.ca/fr/ministere-defense-nationale/services/avantages-militaires/education-formation/etablissements.html.

Chapitre 2 – Réservistes des FAC

[15] En 2019, le système de rémunération des réservistes a été révisé. En plus de leur salaire de base, les réservistes perçoivent désormais un pourcentage qui les indemnise pour les tâches supplémentaires, telles que les heures supplémentaires ou le remplacement d'un officier supérieur. Une fourchette de pourcentage est incluse ici pour mieux refléter le potentiel salarial. Pour plus d'informations, voir la page « Solde militaire », MDN, https://www.canada.ca/fr/ministere-defense-nationale/services/avantages-militaires/solde-pension-indemnites/solde.html.

[16] « Stratégie nationale d'emploi pour les vétérans et les vétéranes », https://veterans.gc.ca/fr/propos-dacc/nos-valeurs/la-strategie-nationale-demploi-pour-les-veterans-et-les-veteranes/la-strategie-nationale-demploi-pour-les-veterans-et-les-veteranes.

[17] « Correspondance aux employeurs et éducateurs des réservistes », https://www.canada.ca/fr/ministere-defense-nationale/services/force-reserve-canada/information-reservistes/propos-services-soutien-employeurs-reservistes/lettres-employeurs-enseignants-reservistes.html.

[18] « Acquérir la capacité à temps plein par le service à temps partiel : Une nouvelle vision pour la Force de réserve », MDN, 2023, https://www.canada.ca/fr/ministere-defense-nationale/organisation/rapports-publications/acquerir-capacite-temps-plein-par-service-temps-partiel.html.

Chapitre 3 – Comprendre les besoins des vétérans

[19] « Annexe E : Détails des données », dans Stratégie de maintien des effectifs, MDN, 2019, fig. 5, https://www.canada.ca/fr/ministere-defense-nationale/organisation/rapports-publications/strategie-de-maintien-des-effectifs/annexe-e-details-des-donnees.html.

[20] Hazel Atuel et Carl Castro, « Military cultural competence », Clinical Social Work Journal 46 (2018) : 74–82, https://doi.org/10.1007/s10615-018-0651-z.

[21] « Étude qualitative longitudinale sur la santé et le bien-être des vétérans pendant la transition de la vie militaire à la vie civile » (Anciens Combattants Canada, 2020), https://www.veterans.gc.ca/fr/propos-dacc/recherche/rapports-et-documents/etude-qualitative-longitudinale-sur-la-sante-et-le-bien-etre-des-veterans-pendant-la-transition-de.

[22] Jill Sweet, Alain Poirier, Teresa Pound et Linda VanTil, *Well-being of Canadian Regular Force Veterans, Finding from LASS 2019 Survey*, Rapport technique de la Direction de la recherche, n° de cat. V3-1/7-2020E-PDF (Veterans Affairs Canada, 2020), https://publications.gc.ca/collections/collection_2020/acc-vac/

Remarques

V3-1-7-2020-eng.pdf.

[23] « Protéger nos foyers et nos droits : servir dans les Forces armées canadiennes », *Le Quotidien*, Statistique Canada, 13 juillet 2022, https://www150.statcan.gc.ca/n1/daily-quotidien/220713/dq220713c-fra.htm.

[24] Sweet et al., *Well-being of Canadian Regular Force Veterans*, https://publications.gc.ca/collections/collection_2020/acc-vac/V3-1-7-2020-eng.pdf.

[25] « Stratégie nationale d'embauche des vétérans », Parlons vétérans, consulté le 23 juillet 2024, https://parlonsveterans2.ca/strategie-nationale-d-embauche-des-veterans.

[26] Alain Poirier et al, *Pre- and post-release income of regular force veterans*, https://publications.gc.ca/site/fra/9.897565/publication.html.

[27] Mary Beth MacLean, Jacinta Keough, Alain Poirier, Kristopher McKinnon et Jill Sweet, « Labour Market Outcomes of Veterans », *Journal of Military, Veteran and Family Health 5*. n°. 1 (2019) : 58–70, https://doi.org/10.3138/jmvfh.2017-0016.

[28] « À propos du Groupe de transition des Forces armées canadiennes », MDN, dernière modification le 3 mai 2024, https://www.canada.ca/fr/ministere-defense-nationale/organisation/rapports-publications/guide-de-transition/presentation-du-groupe-de-transition.html.

[29] Sweet et al., *Well-being of Canadian Regular Force Veterans*, https://publications.gc.ca/collections/collection_2020/acc-vac/V3-1-7-2020-eng.pdf.

[30] « Enquête sur la vie après le service militaire, 2019 », *Le Quotidien*, Statistique Canada, 16 janvier 2020, https://www150.statcan.gc.ca/n1/en/daily-quotidien/200116/dq200116a-fra.pdf.

[31] À l'heure où j'écris ces lignes, le cours en question, Supporting Military Members in Career Transition, qui a été conçu et animé dans le cadre du programme de certificat d'intervenant en développement de carrière proposé par la faculté d'apprentissage ouvert et de développement de carrière de l'Université Dalhousie (Dalhousie University Faculty of Open Learning and Career Development), est actuellement remanié par l'Association pour le développement de carrière de la Nouvelle-Écosse (https://www.nscda.ca) et sera proposé en tant que cours d'apprentissage en ligne entièrement autodirigé sur le portail de formation de ses membres.

[32] Selon le principe de l'universalité du service ou du « soldat d'abord », « les membres des FAC doivent exécuter les tâches militaires générales ainsi que les tâches communes liées à la défense et à la sécurité, en plus des tâches de leur profession militaire ou de leur groupe professionnel militaire. Entre autres, les

militaires doivent satisfaire aux normes d'évaluation de la condition physique au moyen des tâches militaires communes des FAC, être aptes au travail et déployables pour effectuer des tâches opérationnelles générales. » (« DOAD 5023-0, Universalité du service », MDN, dernière modification le 24 juin 2022, https://www.canada.ca/fr/ministere-defense-nationale/organisation/politiques-normes/directives-ordonnances-administratives-defense/serie-5000/5023/5023-0-universalite-du-service.html.)

[33] « Mieux comprendre la santé mentale », Anciens Combattants Canada, consulté le 23 juillet 2024, https://www.veterans.gc.ca/fr/sante-mentale-et-physique/sante-mentale-et-bien-etre/comprendre-la-sante-mentale.

Chapitre 4 – Comprendre la transition

[34] *Mon guide de transition*, version 2.1, GT FAC, https://www.canada.ca/content/dam/dnd-mdn/documents/reports/transition-materials/guides/mon-guide-de-transition.pdf.

[35] « Les Domaines du bien-être », Engagement et partenariats avec la transition militaire, MDN, consulté le 17 février 2023, https://www.canada.ca/fr/ministere-defense-nationale/services/avantages-militaires/transition/eptm.html.

[36] Comme nous l'avons mentionné dans deux de nos profils de vétérans, les exigences professionnelles ne permettent souvent pas de consacrer du temps à la préparation de la transition. Le conseil de Carl d'en faire un peu chaque jour mérite d'être souligné auprès de nos clients en phase de transition.

[37] Ian Ruthven, « An Information Behavior Theory of Transition », *Journal of the Association of Information Science and Technology* 73, n° 4 (2021): 579–93, https://doi.org/10.1002/asi.24588.

[38] Mary L. Anderson et Jane E. Goodman, « From Military to Civilian Life: Applications of Schlossberg's Model for Veterans in Transition », *Career Planning and Adult Development Journal* 30, no. 3 (2014): 40-51. Pour obtenir de plus amples renseignements sur cette méthode et sur la transition en général, veuillez consulter le livre de Mary L. Anderson, Jane Goodman et Nancy K. Schlossberg, *Counseling Adults in Transition : Linking Schlossberg's Theory with Practice in a Diverse World*, 4e édition (New York : Springer Publishing Company, 2011).

[39] Robert C. Reardon, Janet G. Lenz, James P. Sampson Jr. et Gary W. Peterson, *Career Development and Planning: A Comprehensive Approach*, 2e édition (Custom Publishing, 2005).

[40] Mary Buzzetta, Seth C. W. Hayden et Katherine Ledwith, « Creating Hope:

Assisting Veterans with Job Search Strategies using Cognitive Information Processing Theory », *Journal of Employment Counselling* 54, no 2 (2017) : 63-74, https://doi.org/10.1002/joec.12054.

41 Voir le site Web de MindTools pour une vue d'ensemble de l'encadrement axé sur la recherche de solutions : https://www.mindtools.com/axbkkls/solution-focused-coaching.

42 « What is Solution Focused Therapy? » Institute for Solution-Focused Therapy, n.d., https://solutionfocused.net/what-is-solution-focused-therapy/.

43 Shane J. Lopez et Michelle C. Louis, « The Principles of Strengths-Based Education », *Journal of College and Character* 10, no. 4 (2009), https://doi.org/10.2202/1940-1639.1041.

44 Copyright © 2024 Challenge Factory Inc. Tous droits réservés. https://community.challengefactory.ca/legacy-careers-an-answer-to-tight-labour-market-questions/.

Chapitre 5 – Devenir compétent en matière de culture militaire

45 Atuel et Castro, « Military Cultural Competence », https://doi.org/10.1007/s10615-018-0651-z.

46 « Les vétérans du Canada : En chiffres », Statistique Canada, 10 novembre 2023, https://www.statcan.gc.ca/o1/fr/plus/4932-les-veterans-du-canada-en-chiffres.

47 « Servir après le service : La Stratégie nationale d'emploi pour les vétérans et les vétérane », dernière modification le 2 octobre 2024, https://www.veterans.gc.ca/fr/propos-dacc/nos-valeurs/la-strategie-nationale-demploi-pour-les-veterans-et-les-veteranes/la-strategie-nationale-demploi-pour-les-veterans-et-les-veteranes.

48 Collins, Sandra, ed., *Embracing Cultural Responsivity and Social Justice: Reshaping Professional Identity in Counselling Psychology*, Counselling Concepts. Disponible à l'adresse suivante : https://counsellingconcepts.ca/.

49 « Self Awareness Exercise », Centre for Deployment Psychology, n.d., https://deploymentpsych.org/self-awareness-exercise.

50 *Culturally Competent Behaviours Checklist*, ministère de la Défense des États-Unis, ministère des anciens combattants des États-Unis, https://deploymentpsych.org/system/files/member_resource/MCT_M04_Culturally_Competent_Behaviors_final-8oct13.pdf. Note : Bien que cette liste de vérification soit destinée aux prestataires de soins de santé, je la trouve

également pertinente pour les intervenants en développement de carrière.

51. « Le modèle du continuum de la santé mentale, MDN, consulté le 13 juillet 2024, https://www.canada.ca/fr/ministere-defense-nationale/services/avantages-militaires/sante-soutien/en-route-vers-la-preparation-mentale/modele-du-continuum-de-la-sante-mentale.html.

52. Atuel et Castro, « Military Cultural Competence », https://doi.org/10.1007/s10615-018-0651-z.

53. Wilf Flagler, « Acknowledging the Job Loss Emotional Cycle », 2017, https://www.wpboard.ca/hypfiles/uploads/2017/05/JobLossEmotional.pdf.

54. Robert A. Miles, « Career Counseling Strategies and Challenges for Transitioning Veterans », *Career Planning and Adult Development Journal* 30, no. 3 (2014): 123–35.

Chapitre 6 – Trouver un emploi – Les défis à relever

55. Miles, « Career Counseling Strategies and Challenges ».

56. Lisa Taylor, « Research Summary: Veteran Working Style and Civilian Workplace Culture », blogue du CERIC, juin 2018, https://ceric.ca/2018/06/research-summary-veteran-working-style-and-civilian-workplace-culture.

57. *Le développement de carrière en milieu de travail : Sondage des entreprises canadiennes*, Rapport sur les résultats du sondage, janvier 2022, https://ceric.ca/fr/sondages/le-developpement-de-carriere-en-milieu-de-travail-sondage-des-entreprises-canadiennes-2021/.

Chapitre 8 – Éducation et formation – Besoins et ressources

58. Canada, Chambre des communes, Comité permanent des anciens combattants, *Stratégie nationale pour l'emploi des vétérans*, 44ᵉ législature, 1ʳᵉ session, (octobre 2023), p. 40, https://publications.gc.ca/collections/collection_2023/parl/xc78-1/XC78-1-1-441-12-fra.pdf.

59. Anciens Combattants Canada, « Le Canada lance la première stratégie pour soutenir l'emploi des vétérans et des vétéranes », 28 juin 2024, https://www.canada.ca/fr/anciens-combattants-canada/nouvelles/2024/06/le-canada-lance-la-premiere-strategie-pour-soutenir-lemploi-des-veterans-et-des-veteranes.html.

60. Association canadienne pour la reconnaissance des acquis : https://capla.ca/.

61. Consortium des campus connectés pour les militaires, les vétérans et leur famille du Canada : https://sites.google.com/ualberta.ca/cmvf3c/home.

62. Il s'agit des taux en vigueur au 1er avril 2024. Pour connaître les taux de financement à jour de l'AEF, consultez le site https://veterans.gc.ca/fr/propos-dacc/ressources/taux#etb.

63. « Allocation pour études et formation », Anciens Combattants Canada, https://veterans.gc.ca/fr/etudes-et-emploi/retour-aux-etudes/allocation-pour-etudes-et-formation.

Chapitre 9 – Recrutement, intégration, prestations et vie militaire

64. « Les vétérans du Canada : En chiffres », Statistique Canada, 10 novembre 2023, https://www.statcan.gc.ca/o1/fr/plus/4932-les-veterans-du-canada-en-chiffres.

65. Consultez la liste des carrières au sein des FAC à l'adresse suivante : https://forces.ca/fr/carrieres.

66. « DOA 5002-1, Enrôlement, Section 3 : Qualifications pour l'enrôlement, MDN, dernière modification le 4 juin 2018, https://www.canada.ca/fr/ministere-defense-nationale/organisation/politiques-normes/directives-ordonnances-administratives-defense/serie-5000/5002/5002-1-enrolement.html#qe.

67. « Co-op and the Canadian Armed Forces », entretien avec le Sgt. Derek Roberts, 11 février 2020, Rogers tv sur YouTube, 7'21", https://www.youtube.com/watch?v=eGMYO4nRgdc.

68. « Programme Expérience de la Marine », gouvernement du Canada, consulté le 5 septembre 2024, https://www.canada.ca/fr/marine/pem.html.

69. « Étapes pour s'enrôler », Forces armées canadiennes, consulté le 24 août 2024, https://forces.ca/en/how-to-join/#st.

70. « Rémunération et avantages : Rémunération », Forces armées canadiennes, consulté le 20 août 2024, https://forces.ca/fr/la-vie-militaire/#bt. (Note : les chiffres reflètent les salaires payés au moment de la rédaction de ce document.)

71. « Programmes d'études subventionnées », Forces armées canadiennes, consulté le 23 juillet 2024, https://forces.ca/fr/etudes-payees/.

Chapitre 10 – Comprendre les besoins des conjoints et des familles des militaires

[72] Pierre Daigle, Ombudsman, *Sur le front intérieur : Évaluation du bien-être des familles des militaires canadiens en ce nouveau millénaire*, Rapport spécial au ministre de la Défense nationale (Ottawa : Bureau de l'Ombudsman du ministère de la Défense nationale et des Forces canadiennes, novembre 2013), consulté le 23 juillet 2024, https://www.canada.ca/content/dam/oodndcf-odnfc/documents/reports-pdf/mf-fm-fr.pdf.

[73] Le Canada sans faille : https://www.canada.ca/fr/ministere-defense-nationale/services/avantages-militaires/solde-pension-indemnites/prestations/reinstallation-deplacements-hebergement/canada-sans-faille.html.

[74] Pierre Daigle, *Sur le front intérieur*, https://www.canada.ca/content/dam/oodndcf-odnfc/documents/reports-pdf/mf-fm-fr.pdf.

[75] Zhigang Wang et Lesleigh E. Pullman, « Impact of military lifestyle on employment status and income among female civilian spouses of Canadian Armed Forces members », *Journal of Military, Veteran Family Health* 5 no. S1 (2018): 54–61, https://doi.org/10.3138/jmvfh.5.s1.2018-0026.

[76] *Document de consultation sur les défis de l'emploi en Ontario pour les conjoints de militaires et les anciens combattants* (ministère du Travail, de l'Immigration, de la Formation et du Développement des compétences de l'Ontario, 2023), consulté le 23 juillet 2024, https://www.ontariocanada.com/registry/showAttachment.do?postingId=45910&attachmentId=59500.

[77] Pierre Daigle, *Sur le front intérieur*, https://www.canada.ca/content/dam/oodndcf-odnfc/documents/reports-pdf/mf-fm-fr.pdf.

[78] Lynda Manser (2020) « Fast Facts: Canadian military families [Info Brief] », *Journal of Military, Veteran and Family Health* 6, no. 1 (mai 2020) : 13-14, https://doi.org/10.3138/jmvfh-2019-0002.

Chapitre 11 – Conjoints de militaires – surmonter les obstacles à l'emploi

[79] Lynda Manser, *Relocation Experiences. The Experiences of Military Families with Relocations Due to Postings – Survey Results* (Ottawa, ON: Military Family Services, Canadian Forces Morale and Welfare Services, 2018), https://cfmws.ca/CFMWS/media/images/documents/8.0 About Us/8.1 What We Do/8.1.5.1/research/Relocation-Experiences-Research-Report-May-2018.pdf.

[80] *Military Families and Relocations, Research Synthesis* (Canadian Forces Morale and Welfare Services), https://cfmws.ca/CFMWS/media/images/documents/8.0 About Us/8.1 What We Do/8.1.5.1/research/Relocations-Research-Synthesis-Infographic-August-2018.pdf.

[81] *A Family Guide to the Military Experience*, 2nd ed. (Military Family Services, Canadian Forces Morale and Welfare Services, 2016), p. 17, https://cfmws.ca/CFMWS/media/images/documents/3.0%20Support%20Services/A-Family-Guide-E.pdf.

À propos de l'éditeur

La deuxième édition du guide intitulé *D'une carrière militaire à un emploi civil : guide de l'intervenant en développement de carrière* est publiée par le CERIC, un organisme caritatif voué à la progression de l'éducation, de la recherche et de l'advocacie en matière d'orientation professionnelle et de développement de carrière dans le but d'accroître le bien-être économique et social des Canadiennes et Canadiens.

Le CERIC finance des projets ayant pour but de développer des ressources novatrices permettant aux différents spécialistes de l'orientation professionnelle et du développement de l'employabilité d'enrichir leurs connaissances et leurs compétences. Le CERIC organise également Cannexus, le plus grand congrès annuel bilingue sur le développement de carrière au Canada, publie la seule revue nationale de développement de carrière évaluée par les pairs, la *Revue canadienne de développement de carrière*, et supervise un certain nombre d'autres initiatives. Les activités du CERIC sont en grande partie financées par The Counselling Foundation of Canada, une fondation familiale qui soutient activement les services de développement de carrière et de consultation depuis 1959.

À propos de l'auteure

Yvonne Rodney est auteure, intervenante en développement de carrière, conférencière et a d'autres compétences selon ce que la vie lui réserve. Elle a fait maintes présentations sur des sujets liés à la carrière, au développement personnel et professionnel, et à la spiritualité lors de conférences et d'événements. Elle cherche actuellement à comprendre à quoi doit ressembler la retraite, tout en gérant son cabinet d'orientation, Inner Change Consulting (http://www.innerchangeconsulting.com), et en voyageant là où l'esprit la mène.

Collaborateurs

Organisations qui ont collaboré au projet

Les organisations suivantes sont des participants importants au contenu de ce guide :

- Groupe de transition des Forces armées canadiennes
- Services aux familles des militaires
- Anciens Combattants Canada
- Challenge Factory

Champions des connaissances

Un merci tout particulier aux champions des connaissances en développement de carrière qui ont contribué à rendre possible la publication de ce guide.

Université d'Athabasca

Étendez vos choix grâce à l'université en ligne du Canada

L'Université d'Athabasca est honorée de travailler avec les Forces canadiennes. Grâce à la prise en compte de l'instruction militaire et des études antérieures, vous pouvez accélérer et faire progresser votre carrière. Découvrez nos offres et la manière dont vos crédits militaires peuvent être appliqués. (en anglais seulement)

Consortium des campus connectés pour les militaires, les vétérans et leur famille du Canada (CCCMVFC)

Le CCCMVFC est une coalition de représentants d'établissements d'enseignement postsecondaires (EEPS), des Forces armées canadiennes (FAC), d'Anciens Combattants Canada (ACC) et de partenaires associés, qui donne aux EEPS les moyens de faciliter la réussite scolaire des militaires, des anciens combattants et de leur famille, et de faire de l'enseignement postsecondaire un outil essentiel pour le bien public. https://www.cmvf3c.ca (en anglais seulement)

Collège Fanshawe

En partenariat avec les Forces armées canadiennes (FAC), le Collège Fanshawe a créé le tout premier campus lié à l'armée. Cette initiative offre aux étudiants, aux membres des FAC, aux vétérans et à leurs familles des possibilités de carrière ainsi qu'un soutien académique et des services holistiques pour faciliter la transition vers la vie académique et civile. Pour en savoir plus, consultez https://www.fanshawec.ca/military (en anglais seulement).

Assurances

RBC Assurances

Nous vous protégeons pendant que vous nous protégez. RBC Assurances est résolue à aider les militaires et leurs familles au moyen d'une assurance abordable. Visitez https://www.rbcinsurance.com/fr/campaign/assurances-individuelle/militaire/index.html dès aujourd'hui.

Release Point Education

Le programme Release Point Education (RPE) promeut l'excellence académique parmi les apprenants liés aux Forces armées canadiennes pendant qu'ils poursuivent des études postsecondaires. En collaborant avec les collèges et les universités du Canada, RPE élabore des programmes éducatifs adaptés, pertinents et crédibles pour répondre aux besoins uniques des étudiants associés aux forces armées et des vétérans. https://releasepointeducation.ca/ (en anglais seulement)

Fondation Tenons-Nous Ensemble pour les familles des militaires

La Fondation Tenons-Nous Ensemble (TNE) pour les familles des militaires est la seule fondation nationale à but non lucratif du Canada qui accorde la priorité aux familles des militaires des Forces armées canadiennes (FAC). TNE sert ces familles en honorant leurs contributions à notre pays, en offrant nos services à ceux qui ont besoin d'un coup de main et en informant la population civile du rôle essentiel que jouent ces familles dans la sécurité générale de notre pays. https://www.twsfoundation.ca/fr

Université de l'Alberta

Membre fondateur du Consortium des campus connectés pour les militaires, les vétérans et leur famille du Canada (CCCMVFC), l'Université d'Alberta accueille fièrement les étudiants associés aux forces armées au sein de son campus universitaire et offre des services complets adaptés à leur expérience, notamment en matière de transition académique et de préparation, d'orientation vers les services, de développement de carrière et de liens avec la communauté. https://www.uab.ca/mvfc (en anglais seulement)

www.ingramcontent.com/pod-product-compliance
Lightning Source LLC
Chambersburg PA
CBHW062308300125
21069CB00052B/1091